Research Guide
To Argentine Literature

by

David William Foster

and

Virginia Ramos Foster

The Scarecrow Press, Inc.

Metuchen, N.J.   1970

Preface

This compilation of book and journal titles relevant to research on Argentine literature is an attempt to present the first
comprehensive guide to an important segment of a vital Latin-
American literary tradition. While several excellent guides exist
for Spanish literature, the student of Spanish-American letters has
at his disposal few competent bibliographic guides other than
some recent manuals for Mexican authors. Given the significance
of its representative figures and the wide diffusion and study of
their works, Argentina unquestionably merits a useful research guide
to its literature.

Our intent is ambitious in some respects, more limited in
others. In the first place, the emphasis is on literary criticism.
We omit listings of the actual production of each author because
several available sources fill this need. On the other hand, at-
tempts thus far to provide a comprehensive index to Argentine
literature--the most useful are the two volumes of the Pan American
Union's Diccionario de la literatura latinoamericana (Washington,
D. C. , 1960-61)--have failed to furnish an adequate and accurate
listing of pertinent criticism. In addition to this lack of coverage,
bibliographic accuracy is frequently wanting in existing indexes and
one of the major problems in the preparation of this listing has been
the completion and verification of available information.

A central issue in the organization of a study like this is the
degree of thoroughness. Should every known item be included, or
should some attempt be made to evaluate the usefulness of available
titles? While there is a virtue in including all known work on an
author, whatever its scope or usefulness, our decision has been to
imply a qualitative criterion for the representation of research or
critical opinion. Therefore, we have excluded briefer reviews (but

not review articles), popularized surveys of an author or his work, impressionistic and subjective essays on non-literary issues, notices of death, as well as studies dealing with non-literary activity, such as economics, law, politics, etc. (but not works dealing with these subjects vis-à-vis literary production).

In addition, we have omitted mention of criticism on Alberdi, Sarmiento, and Ricardo Rojas. While some of the extant research does deal with literary issues, it is negligible when compared with the enormous bulk of opinion on the role of these three individuals, not in the development of Argentine literature, but in the formation of a national cultural and intellectual heritage. Some of our colleagues will find this an unacceptable position. However, any bibliography, if it is to be a serious critical resource rather than simply a derivative rehash of previous listings, must imply clearly conceived organizational criteria. We hope that the solid contribution of the items that are included will make up for the failure to provide a complete and indiscriminate list.

With regard to the presence or absence of other authors, it should be obvious that, no matter how significant a figure may be, a bibliography cannot list criticism on him that has yet to be written. Thus, we were surprised to find literally nothing of any importance on José Marmol, whose novel _Amalia_, while it may not be great literature, has enormous value as a representative work of historical Romanticism. Although Estanislao del Campo, for example, is included, the research, with the exception of a few very recent studies, belies his very real importance. We have tried to include any figure who has deserved serious research, and any lack of correspondence with a ranking of Argentine literary figures bespeaks the significant research gaps yet to be filled.

Part I is devoted to important bibliographic sources. Part II is a listing of journals represented by the research reported. Every attempt has been made to indicate imprint data.

Part III is an extensive listing of the many available general works, subdivided by topic. We have purposely avoided a classification by genre, not only because such a classification cuts across more important period groupings but more particularly because the titles do not reveal any extensive interest in treating Argentine literature by genre. (Note, however, the surprising amount of material on the theatre--by far, the most studied genre.)

Part IV is devoted to those figures who have received interesting critical attention of particular use to contemporary academic research activity. In terms of the completeness of the listings, the scholar is asked to compare our periodical entries with those of the only other extensive index, the Pan American Union's Index to Latin American Periodical Literature 1929-1960 (Boston, 1962). While the latter is a valuable source, it suffers from the very real deficiencies of non-uniform bibliographic format and spotty coverage of the journals that it claims to have indexed.

A major desideratum for literary research is the preparation of annotated guides. However, such an undertaking, particularly when such an enormous number of items is involved even after the imposition of selection criteria, is beyond the capabilities of two independent bibliographers. Nevertheless, as interest in Latin-American literature increases, the necessity for such a guide will hopefully become acute enough to attract the required financial support and cooperation from the critics most directly concerned. Until that time, this working bibliography is offered as a preliminary move toward adequate control over the growing amount of significant criticism.

Table of Contents

vii

Conventions

Variations in the name of an individual have been made to conform
to one version, in accord with the main-entry format of research
libraries. The standardized form is the one most frequently used.

Unlike most American scholarly publications, many Spanish language
journals number not only consecutive volumes; frequently each issue
is distinguished by a consecutive number. In addition, a few journals also include a year designation. Thus a particular issue might
have the following identification: "Año 10, Tomo 20, Núm. 43."
Usually, the last segment, the "Núm." is sufficient for identification, since each and every issue has a unique number. In the case
of several journals where the above is the practice, we have indi-
cated only the "No." of the issue involved (c.f. articles in CA,
CHA, Sur). In instances where the title of a journal is followed by
a number without the "No." prefix, a volume number is to be understood. In a few cases, it has been necessary to give two numbers
after the title of a journal; e.g., "RevE, 88, 2." This is to be
understood as indicating "volume 88, issue no. 2." These three
conventions, including the use of arabic rather than roman numerals,
follow the practice of the MLA International Bibliography. In addition, a few journals have several distinct runs, each with its own
consecutive number for issues. Designations such as "nueva serie,"
"2a época" indicate which series is involved.

The cities of Buenos Aires and New York are abbreviated respective-
ly as BA and NY.

Part I

General Bibliographics for Research
on Argentine Literature

1. General Works of Reference

a. Works with International Scope

Bibliographic index; a cumulative bibliography of bibliographies.
NY, H. W. Wilson, 1938-.

Conover, Helen F. Current national bibliographies. Washington, D. C.,
Library of Congress, 1955.

Gray, Richard A. A guide to book review citations; a bibliography of
sources. Columbus, Ohio State University Press, 1969.

Guía de centros nacionales de información bibliográfica; 2a ed. La
Habana, UNESCO, Centro Regional... en el Hemisferio Oc-
cidental, 1962.

Hatzfeld, Helmut. Critical bibliography of the new stylistics as
applied to the Romance literatures, 1900-1952. Chapel Hill,
University of North Carolina Press, 1953. _____ . _____ ,
1953-65. Chapel Hill, University of North Carolina Press,
1966.

Heyl, Lawrence. Current national bibliographies; a list of sources
of information concerning current books of all countries;
revised ed. Chicago, American Library Association, 1942.

An index to book reviews in the humanities. Williamston, Mich.,
Phillip Thomson, 1960-.

Modern Language Association of America. MLA international bibliography of books and articles on the modern languages and
literatures. NY, 1921-25-.

Palfrey, Thomas R. A bibliographical guide to the Romance languages
and literature; 5th ed. Evanston, Ill., Chandler's, 1963.

Sabor, Josefa Emilia. Manual de fuentes de información. BA,
Kapelusz, 1957.

U. S. Library of Congress. The national union catalog. Pre-1956
imprints. London, Mansell, 1968-. _____ . Library of

Congress and national union catalog author lists,
1942-62: a master cumulation... Detroit, Gale Research,
1969-. _____. National union catalog... 1963-67. Ann Arbor,
Edwards, 1969-. _____. National union catalog [periodic current supplements]. Washington, D. C. , Library of Congress,
1967-.

U. S. Library of Congress. Library of Congress catalog--Books:
subjects; a cumulative list of works represented by Library
of Congress printed cards. Washington, D. C. , 1950-.

b.   Works with Latin-American Scope

Becco, Horacio Jorge. Fuentes para el estudio de la literatura
hispanoamericana. BA, Centro Editor de América Latina,
1968.

"Bibliografía." RFH, 1-8 (1939-46); NRFH, 1- (1948-).

"Bibliografía hispanoamericana." RHM, 1- (1934-).

Boggs, Ralph Steele. Bibliography of Latin American folklore. NY,
H. W. Wilson, 1940-.

Boletín bibliográfico nacional. BA, Biblioteca Nacional, 1937-.

Book stores and publishers in Latin America. Washington, D. C. ,
Pan American Union, 1941.

Bryant, Shasta M. A selective bibliography of bibliographies of
Hispanic American literature. Washington, D. C. , Pan
American Union, 1966.

Delk, Lois J. , and James Neal Greer. Spanish language and literature in the publications of American universities; a bibliography. Austin, University of Texas Press, 1952.

Fichero bibliográfico hispanoamericano. BA, Bowker, 1961-.

Foster, David William, and Virginia Ramos Foster. Manual of
Hispanic bibliography, a guide to basic sources. Seattle,
University of Washington Press, 1970.

Geoghegan, Abel Rodolfo. Obras de referencia de América Latina.
BA, UNESCO, 1965.

Golden, Herbert H. , and Seymour O. Simches. Modern Iberian
languages and literature: a bibliography of homage studies.

Cambridge, Harvard University Press, 1958.

Grismer, Raymond Leonard, et al. A bibliography of articles on
Spanish literature. Minneapolis, Burgess, 1933.

Grismer, Raymond Leonard. Bibliography of the drama of Spain
and Spanish America. Minneapolis, Burgess-Beckwith, 1967-69.

Grismer, Raymond Leonard. A new bibliography of the literature
of Spain and Spanish America. Minneapolis, Taylor,
1941-46.

Grismer, Raymond Leonard. A reference index to twelve thousand
Spanish American authors. A guide to the literature of
Spanish America. NY, H. W. Wilson, 1939.

Handbook of Latin American studies. Gainesville, University of
Florida Press, 1935-. ____. ____. Francisco José
Cardona, and María Elena Cardona. Author index to Hand-
book of Latin American studies. Gainesville, University of
Florida Press, 1968.

Johnson, Harvey L., et al. "Spanish American literary bibliography." Hisp, 46 (1963), 557-60; 47 (1964), 766-71; 48
(1965), 856-64; 49 (1966), 793-99; MLJ, 51 (1967), 402-408-.

Jones, Cecil Knight. A bibliography of Latin American bibliographies; 2nd ed. Washington, D.C., Government Printing
Office, 1942. ____. ____. Arthur Eric Gropp. A bibliography of Latin American bibliographies [revised edition].
Metuchen, N.J., Scarecrow Press, 1968.

Leguizamón, Julio A. Bibliografía general de la literatura
hispanoamericana. BA, Reunidas, 1954.

Libros en venta en Hispanoamérica y España. NY, R. R. Bowker,
1964. ____. Suplemento 1964, 1965, 1966. BA, Bowker
Editores Argentina, 1967.

Matlowsky, Bernice de. Antologías del cuento hispanoamericano:
guía bibliográfica. Washington, D.C., Unión Panamericana,
1950.

Matlowsky, Bernice de. The modernist trend in Spanish-American
poetry, a selected bibliography. Washington, D.C., Pan
American Union, 1952.

Payró, Roberto P.   Historias de la literatura americana: guía
     bibliográfica.   Washington, D. C. , Unión Panamericana, 1950.

Perales Ojeda, Alicia.   Aportación de las obras de consulta;
     letras españolas e hispanoamericanas.   México, Universidad
     Nacional Autónoma de México, 1959.

Peraza Sarausa, Fermín.   Bibliografías corrientes de la América
     Latina.   Gainesville, Fla. , Biblioteca del Bibliotecario,
     1966.

Romero James, Concha.   An annotated bibliography of Latin
     American literature.   Washington, D. C. , Pan American
     Union, 1932.

Rubin, Selma F.   Survey of investigations in progress in the field
     of Latin American studies.   Washington, D. C. , Pan Ameri-
     can Union, 1966.

Sable, Martin H.   Guide to Latin American studies.   Los Angeles,
     University of California, Latin American Center, 1967.

Sánchez, Luis Alberto.   Repertorio bibliográfico de la literatura
     latino-americana.   Santiago de Chile, Universidad de Chile,
     1955-.

Simmons, Merle E.   A bibliography of the "Romance" and related
     forms in Spanish America.   Bloomington, Indiana University
     Press, 1963.

Topete, José Manuel.   Spanish American bibliography.   St. Augus-
     tine, Fla. , University of Florida, 1952.

c.   Works with Argentine Scope

Anuario del teatro argentino.   BA, Fondo Nacional de las Artes, 1965-.

Argentina.   Registro Nacional de la Propiedad Intelectual.
     Catálogo, 1934-.   BA, 1936-.

Becco, Horacio Jorge.   Contribución a la bibliografía de la
     literatura argentina.   BA, Universidad de Buenos Aires, 1960.

Becco, Horacio Jorge.   "Contribución a la bibliografía folklórica
     argentina.   Poesía tradicional argentina; antologías y
     estudios. "   CINIF, 1 (1960), 259-72.

Becco, Horacio Jorge.   Fuentes para el estudio de la literatura
     argentina.   BA, Centro Editor de América Latina, 1968.

Becco, Horacio Jorge. "La literatura gauchesca; aportes para una
    bibliografía." CINIF, 2 (1961), 235-49; 3 (1962), 309-26.
"Bibliografía argentina." La torre, 1- (1953-).
Bibliografía argentina de artes y letras. BA, Fondo Nacional de
    las Artes, 1959-.
Bibliografía del folklore argentino. BA, Fondo Nacional de las
    Artes, 1965-66.
Biblos: órgano oficial de la Cámara Argentina del Libro.
    BA, 1943-.
Chertudi, Susana. "Bibliografía del cuento folklórico en la
    Argentina." CINIF, 1 (1960), 247-58.
Chertudi, Susana. El cuento folklórico y literario regional; aporte
    bibliográfico. BA, Fondo Nacional de las Artes, 1963.
Coester, Alfred. A tentative bibliography of the belles-lettres of
    the Argentine Republic. Cambridge, Harvard University
    Press, 1933.
Cortazar, Augusto Raúl, and Carlos Dellepiane Cálcena. Contri-
    bución a la bibliografía folklórica argentina. BA, Direc-
    ción General de Cultura, 1962.
Cortazar, Augusto Raúl. Guía bibliográfica del folklore argentino.
    BA, Universidad de Buenos Aires, Facultad de Filosofía y
    Letras, Instituto de Literatura Argentina, 1942.
Cutolo, Vicente Osvaldo. Diccionario de alfónimos [sic] y seu-
    dónimos de la Argentina, 1800-1930. BA, Elche, 1962.
Cutolo, Vicente Osvaldo. Nuevo diccionario biográfico argentino.
    BA, Elche, 1968.
Durán, Leopoldo. Contribución a un diccionario de seudónimos en
    la Argentina... BA, Huemul, 1961.
Frugoni de Fritzsche, Teresita. Índice de poetas argentinos. BA,
    Universidad de Buenos Aires, Facultad de Filosofía y
    Letras, Instituto de Literatura Argentina Ricardo Rojas,
    1963-.
Leavitt, Sturgis E. Argentine literature: a bibliography of literary
    criticism, biography and literary controversy. Chapel Hill,
    University of North Carolina Press, 1924.

Pepe, Luz E. A. La crítica teatral argentina (1880-1962).   BA,
    Fondo Nacional de las Artes, 1966.

Selva, Manuel, et al. Bibliografía general argentina... BA,
    L. J. Russo, 1930-36.

Trevia Paz, Susana N. Contribución a la bibliografía del cuento
    fantástico argentino en el siglo XX.   BA, Fondo Nacional
    de las Artes, 1966.

2. Guides to Periodicals and Journals

a. Guides with International Scope

Kujoth, Jean Spealman. Subject guide to periodical indexes and
review indexes. Metuchen, N. J., Scarecrow Press, 1969.
New serial titles... Supplement to the Union list of serials.
Washington, D. C., Library of Congress, 1961-.
Serial titles newly received. Washington, D. C., Library of
Congress, 1952-53.
Ulrich, Carolyn F. Ulrich's international periodicals directory.
A classified guide to a selected list of current periodicals,
foreign and domestic; 12th ed. 2 vols. NY, Bowker.
Vol. 1, 1967. Vol. 2, 1968. _____. _____. Supple-
ment II. NY, Bowker, 1967. _____. _____. Supple-
ment III. NY, Bowker, 1969.
Union list of serials in the libraries of the United States and
Canada; 3rd ed. NY, H. W. Wilson, 1965.

b. Guides with Latin-American Scope

Carter, Boyd G. Las revistas literarias de Hispanoamérica.
Breve historia y contenido. México, De Andrea, 1959.
Englekirk, John Eugene. "La literatura y la revista literaria en
Hispanoamérica." RI, 26 (1961), 9-79; 27 (1961), 219-79;
28 (1962), 9-73.
Index to Latin American periodical literature 1929-1960. Boston,
G. K. Hall, 1962.
Indice general de publicaciones periódicas latinoamericanas. Index
to Latin American periodicals. Boston, G. K. Hall, 1961-.
Latin America in periodical literature. Los Angeles, University of
California, Center of Latin American Studies, 1962-.

Leavitt, Sturgis E. , et al. Revistas hispanoamericanas, índice
    bibliográfico: 1843-1935. Santiago de Chile, Fondo His-
    tórico y Bibliográfico José Toribio Medina, 1960.
Levi, Nadia. Guía de publicaciones periódicas de universidades
    latinoamericanas. México, Universidad Nacional Autónoma
    de México, 1967.
Matos, Antonio. Guía a las reseñas de y sobre Hispanoamérica.
    Río Piedras, P. R. , 1965.
Zimmerman, Irene. A guide to current Latin American periodicals.
    Gainesville, Fla. , Kallman, 1961.

c. Guides with Argentine Scope

Alvarez, Beatriz, et al. Artes y letras en "La nación" de Buenos
    Aires, 1870-1899. BA, Fondo Nacional de las Artes, 1968.
Anuario prensa argentina y latinoamericana. BA, 1939-.

3. Guides to Libraries, Archives, and Special Collections

a. Guides with Latin-American Scope

Guía de bibliotecas de la América Latina; ed. provisional.
    Washington, D. C., Pan American Union, 1963.
Hill, Roscoe R. The national archives of Latin America. Cam-
    bridge, Harvard University Press, 1945.

b. Guides for the United States

California. University. Berkeley. Bancroft Library. Catalog of
    printed cards. Boston, G. K. Hall, 1964.
California. University. Berkeley. Library. Author-title catalog.
    Boston, G. K. Hall, 1963.
California. University. Berkeley. Library. Spain and Spanish
    America in the libraries of the University of California. A
    catalogue of books. Berkeley, 1928-30.
California. University. Los Angeles. Library. Dictionary
    catalog of the university library, 1919-1962. Boston, G. K.
    Hall, 1963.
Canning House. Library. Author and subject catalogues of the
    Canning House Library. Boston, G. K. Hall, 1966.
Harvard University. Library. Latin America and Latin American
    periodicals. Cambridge, Harvard University Press, 1966.
Harvard University. Library. Latin American literature. Cam-
    bridge, Harvard University Press, 1969.
The Hispanic Society of America. Catalogue of the Library.
    Boston, G. K. Hall, 1962.
Luquiens, Frederick Bliss. Spanish American literature in the
    Yale University library. New Haven, Yale University
    Press, 1939.

c.   Guides to Argentina

Buenos Aires.   Biblioteca Nacional.   Catálogo metódico de la
     Biblioteca Nacional, seguido de una tabla alfabética de
     autores.   BA, 1893-1931.
Buenos Aires.   Universidad Nacional.   Instituto Bibliotecológico.
     Guía de bibliotecas de la Universidad de Buenos Aires.
     BA, 1966.
Giuffra, Carlos Alberto.   Guía de bibliotecas argentinas.   BA,
     Fundación Interamericana de Bibliotecología Franklin,
     Comisión Nacional para UNESCO, 1967.

Matijevic, Nicolás.   Guía, bibliotecas universitarias argentinas.
     Bahía Blanca, Universidad Nacional del Sur, 1967.
Quintana, Raúl,   Un siglo de periódicos en la Biblioteca Nacional.
     BA, Biblioteca Nacional, 1935.

4. Dissertations

Castillo, Homero. "La literatura hispanoamericana en las tesis de los Estados Unidos." <u>AUC</u>, 119 (1961), 131-41.

<u>Dissertation abstracts, abstracts of dissertations and monographs in microfilm.</u> Ann Arbor, University Microfilms, 1938-.

"Dissertations in the Hispanic languages and literatures..." <u>Hisp</u>, 17- (1934-).

<u>Doctoral dissertations accepted by American universities.</u> NY, H. W. Wilson, 1934-55.

<u>Index to American doctoral dissertations.</u> Ann Arbor, University Microfilms, 1957-.

Larson, Ross F. "La literatura hispanoamericana en las tesis doctorales de los Estados Unidos." <u>AUC</u>, 123 (1965), 157-70.

Merrill, Ray March. <u>List of American doctoral dissertations in the Romance field, 1876-1926.</u> NY, Columbia University Press, 1927.

Palfrey, Thomas R., and Henry E. Coleman, Jr. <u>Guide to bibliographies of theses. United States and Canada;</u> 2nd ed. Chicago, American Library Association, 1940.

Part II

Journals Publishing Research on Argentine Literature

ACF	Annali di Ca' Foscari. Venezia, 1961?-.
AF	Anuario de filología. Maracaibo, Venezuela, 1962-.
AIPC	Anales del Instituto Popular de Conferencias. BA, 1915-.
Alfa	Alfa. Marilla, Brazil, 1962-.
Antología	Antología. BA, 1945?
Arbor	Arbor. Madrid, 1944-.
Arco	Arco. Bogotá, 1959-.
Argentores	Argentores. BA, 1935-.
Ars	Ars. BA, 1941-.
Asomante	Asomante. San Juan, P.R., 1945-.
ATA	Anuario teatral argentino. BA, 1925/26-.
Atenea	Atenea. Santiago de Chile, 1924-.
Atlántida	Atlántida. BA, 1937-.
Atlántide	Atlántide. ?
AUC	Anales de la Universidad de Chile. Santiago de Chile, 1895-.
AUCu	Anales de la Universidad de Cuenca. Cuenca, Ecuador, 1890-.
AyL	Armas y letras. Bogotá, 1948-.
AyLA	Artes y letras argentinas. BA, 1958?-.
BAAL	Boletín de la Academia Argentina de Letras. BA, 1933-.
Babel	Babel; revista de arte y crítica. Santiago de Chile, 1939-.
BADAL	Bibliografía argentina de artes y letras. BA, 1959-.
BCB	Boletín cultural y bibliográfico. Bogotá, 1958-.
BET	Boletín de estudios de teatro. BA, 1943-.

BFLS	Bulletin de la Facultè des Lettres de Strasbourg. Strasbourg, 1922-.
BHS	Bulletin of Hispanic studies. Liverpool, 1923-.
Biblioteca	La biblioteca. BA, 1896/98-.
BIS	Boletín del Instituto de Sociología. BA, 1942-.
BLA	Boletín de la literatura argentina. Còrdoba, Arg., 1964-.
BLH	Boletín de literaturas hispánicas. Santa Fe, Arg., 1959-.
BMSA	Boletín del Museo Social Argentino. BA, 1912-.
BRAE	Boletín de la Real Academia Española. Madrid, 1914-.
BsAsL	Buenos Aires literaria. BA, 1952-54.
Buenos Aires	Buenos Aires. BA, 1961?-.
CA	Cuadernos americanos. Mèxico, D. F., 1942-.
CadB	Cadernos brasileiros. Rio de Janeiro, 1959-.
CAmer	Casa de las Amèricas. La Habana, 1961-.
Caravelle	Caravelle. Cahiers du monde hispanique et luso-brèsilien. Toulouse, France, 1959?-.
CBA	Cuadernos de bellas artes. Mèxico, D. F., 1960-.
CCLC	Cuadernos del Congreso por la Libertad de la Cultura. Paris, 1953-66.
CCT	Cuadernos de cultura teatral. BA, 1936-.
CHA	Cuadernos hispanoamericanos. Madrid, 1948-.
CI	Cuadernos del idioma. BA, 1965-.
CINIF	Cuadernos del Instituto Nacional de Investigaciones Folklòricas. BA, 1960-.
Ciudad	Ciudad. BA, 1955-.
CL	Comparative literature. Eugene, Ore., 1949-.
Comentario	Comentario. BA, 1953-.
Continente	Continente. BA, 1947-.
Contorno	Contorno. BA, 1956-.
Contrapunto	Contrapunto. BA, 1949-.
CP	Cuadernos de poesía. BA, 1966-.

Criterio	Criterio. BA, 1928-.
Crítica	Crítica... Rosario, Arg. , 1962-.
CU	Cultura universitaria. Caracas, 1947-.
CuS	Cuadernos del Sur. BA, 1964-.
CyC	Cursos y conferencias. BA, 1931-.
DA	Dissertation abstracts. Ann Arbor, Mich. , 1938-.
Davar	Davar. BA, 1945-.
DHR	Duquesne Hispanic review. Pittsburgh, 1962-.
Diligencia	La diligencia. Rosario, 1960-.
Diogenes	Diogenes. NY, 1953-.
Discourse	Discourse. Moorhead, Minn. , 1958-.
DWB	Dietsche Warande en Belfort. Amsterdam, 1900-.
EAm	Estudios americanos. Sevilla, 1948-.
ELic	Las entregas de la Licorne. Montevideo, 1953-.
Espiral	Espiral. Bogotá, 1947-.
Estudios	Estudios. BA, 1901-04, 1911-.
Expresión	Expresión. BA, 1946-47.
Extrapolation	Extrapolation. Wooster, Ohio, 1959-.
Ficción	Ficción. BA, 1956-.
Filología	Filología. BA, 1949-62?
Filosofia	Filosofia. Turino, 1950-.
GRM	Germanisch-romanische Monatsschrift. Heidelberg, 1909-.
HAHR	Hispanic-American historical review. Baltimore, 1918-.
Herne	L'Herne. Paris, 1961-.
Hisp	Hispania. Baltimore, 1918-.
Hispano	Hispanófila. Madrid, 1957-.
Histonium	Histonium. BA, 1939-.
HR	Hispanic review. Philadelphia, 1933-.
HumLP	Humanidades. La Plata, 1921-.
HumM	Humanitás. Nuevo León, México, 1960-.
HumT	Humanitás. Tucumán, Arg. , 1953-.

I. E. S.	I. E. S. Revista del Instituto de Estudios Superiores. Montevideo, 1956-.
IM	Imago mundo. BA, 1953-.
Indice	Indice. Madrid, 1955-.
Insula	Insula. Madrid, 1943-.
JIAS	Journal of Inter-American studies. Coral Gables, Fla., 1959-.
JUH	Jornadas universitarias de humanidades. Mendoza, Arg., 1963?-.
KR	Kenyon review. Gambrer, Ohio, 1939-.
Kriterion	Kriterion. Belo Horizonte, Brazil, 1947-.
LetL	Letras. Lima, 1929-.
LetN	Lettres nouvelles. Paris, 1953-.
LetP	Letras. Paranã, Brazil, 1953-.
LI	Lettere italiane. Arona, Italy, 1949-.
Liberalis	Liberalis. BA, 1949-.
LJGG	Literaturwissenschaftliches Jahrbuch der Görresgesellschaft. Bonn, Germany, 1949-.
Lotería	Lotería. Panamá, 1958-.
Mapocho	Mapocho. Santiago de Chile, 1963-.
Mar del Sur	Mar del Sur. Lima, 1953-.
MEC	El monitor de la educación común. BA, 1881-.
Merkur	Merkur. Stuttgart, Germany, 1947-.
MIA	Mitteilungen, Institut für Auslandsbeziehungen. Stuttgart, Germany, 1961?-.
MLF	Modern language forum. Los Angeles, 1915-57.
MLJ	Modern language journal. NY, 1916-.
MLN	MLN; modern language notes. Baltimore, 1886-.
MLQ	Modern language quarterly. Seattle, 1940-.
MNu	Mundo nuevo. Paris, 1966-.
MP	Modern philology. Chicago, 1903-.
MSpr	Moderna språk. Stockholm, 1907-.

Nacional	Nacional. Montevideo, 1835-.
NDH	Neue deutsche Hefte. Gütersloh, Germany, 1954-.
Neptunia	Neptunia. BA, 1919-.
NLen	Nuestra lengua. BA, ?
NMQ	New Mexico quarterly. Albuquerque, N. M., 1931-.
Nordeste	Nordeste. Resistencia, Arg., 1960-.
Norte	Norte. Tucumán, 1951-.
Nosotros	Nosotros. BA, 1907-34, 1936-1943.
Novel	Novel. Providence, R. I., 1967-.
NR	La nouvelle revue. Paris, 1879-.
NRF	Nouvelle revue française. Paris, 1909-43.
NRFH	Nueva revista de filología hispánica. México, D. F., 1947-.
NRRLP	Nueva revista del Río de la Plata. San Isidro, Arg., 1952-.
NS	Die neueren Sprachen. Marburg, Germany, 1893-43.
NTiem	Nuestro tiempo. La Habana, 1959?-.
Número	Número. Montevideo, 1949-.
Orígenes	Orígenes. La Habana, 1944-54.
Panorama	Panorama. Tucumán, Arg., 1937-.
PMLA	PMLA; publications of the Modern Language Association of America. NY, 1886-.
Política	Política. Caracas, 1959-.
PP	Philologica pragensia. Praga, 1958-.
PSA	Papeles de Son Armadans. Madrid, 1956-.
PyH	La palabra y el hombre. Xalapa, México, 1957-.
RdL	Revista do livro. Rio de Janeiro, 1956-.
Realidad	Realidad. BA, 1947-.
REH	Revista de estudios hispánicos. University, Ala., 1967-.
REP	Revista de estudios políticos. Madrid, 1941-.

RET	Revista de estudios de teatro. BA, 1959-.
RevC	Revista de comunicaciones. BA, 1937-.
RevE	Revista de educacion. La Plata, Arg., 1859-1912; 1912-51?; 1956-.
RevH	Revista de humanidades. Córdoba, Arg., 1958-.
RF	Romanische Forschungen. Erlangen, Germany, 1882-.
RFH	Revista de filología hispánica. BA, 1939-46.
RGB	Revue génerale belge. Brussels, 1945-.
RHM	Revista hispánica moderna. NY, 1934-.
RI	Revista iberoamericana. México, 1939-.
RIB	Revista interamericana de bibliografía. Washington, D.C., 1951-.
RIL	Revista iberoamericana de literatura. Montevideo, 1959-.
RIn	Revista de las Indias. Bogotá, 1936-38, 1938-.
RJ	Romanistisches Jahrbuch. Hamburg, Germany, 1947/48-.
RJav	Revista javeriana. Bogotá, 1934-.
RL	Revista de literatura. Madrid, 1952-.
RLAI	Revista de literatura argentina e iberoamericana. Mendoza, Arg., 1959-.
RLC	Revue de littérature comparée. Paris, 1921-.
RML	Revista mexicana de literatura. México, D.F., 1955-.
RNC	Revista nacional de cultura. Caracas, 1938-.
RNM	Revista nacional. Montevideo, 1938-54; 1956-.
RO	Revista de occidente. Madrid, 1923-36, 1963-.
RomN	Romance notes. Chapel Hill, N.C., 1959-.
RSBV	Revista de la Sociedad Bolivariana de Venezuela. Caracas, 1939-.
RSV	Revista Signos de Valparaiso. Valparaiso, Chile, 1962?-.

RUBA	Revista de la Universidad de Buenos Aires, BA, 1904-.
RUC	Revista de la Universidad Nacional de Córdoba. Córdoba, Arg., 1914-.
RUCSP	Revista da Universidade Católica de São Paulo. São Paulo, 1952-.
RULP	Revista de la Universidad. La Plata, Arg., 1957-.
RUM	Revista de la Universidad de México. México, D. F., 1946-.
RyF	Razón y fe. Madrid, 1901-.
Sarmiento	Sarmiento. Tucumán, Arg., 1949-.
Síntesis	Síntesis. BA, 1927-30.
Sur	Sur. BA, 1931-.
Sustancia	Sustancia. Tucumán, Arg., 1939-.
Sym	Symposium. Syracuse, NY, 1946-.
Synthèses	Synthèses. Brussels, 1946-.
Tellus	Tellus. Paraná, Arg., 1948-.
Temas	Temas. BA, ?
Testigo	Testigo. BA, 1966-.
Thesaurus	Thesaurus. Bogotá, 1945-.
TM	Temps modernes. Paris, 1945-.
TMod	Tiempos modernos. BA, 1964-.
La torre	La torre. Río Piedras, P. R., 1953-.
TQ	Texas quarterly. Austin, Texas, 1958-.
UA	Universidad de Antioquia. Medellín, Colombia, 1935-.
ULH	Universidad de La Habana. La Habana, 1934-.
UPB	Universidad Pontífica Bolivariana. Medellín, Colombia, 1937-.
USF	Universidad. Sante Fe, Arg., 1935-.
Versión	Versión. Mendoza, Arg., 1958-.
VyE	Ver y estimar. BA, 1947, 1953, 1954-55.
WSCL	Wisconsin studies in contemporary literature. Madison, Wisc., 1960-.
ZF	Zona franca. Caracas, 1964-.

Part III

General Works on Argentine Literature

1. Comprehensive Studies

Abad de Santillán, Diego. Gran enciclopedia argentina. BA,
 Ediar, 1956-58.
Alcalde, Ramón. "Teoría y práctica de un teatro argentino."
 BsAsL, No. 17 (1954), 1-22.
Andreetto, Miguel Angel. De literatura regional. Santa Fe,
 Castellví, 1965.
Ara, Guillermo. "Líneas de nuestra evolución literaria."
 Comentario, No. 48 (1966), 15-21.
Ara, Guillermo. Literatura nacional y libertad expresiva. Bahía
 Blanca, Universidad Nacional del Sur, Instituto de
 Humanidades, 1960.
Arrieta, Rafael Alberto. Historia de la literatura argentina. BA,
 Peuser, 1958-60.
Arrieta, Rafael Alberto. El libro de versos en la cultura
 argentina... BA, Viau y Zona, 1935.
Artacho, Manuel. Indice cronológico de datos contenidos en la
 Historia del teatro en Buenos Aires de Mariano G. Bosch.
 BA, Imprenta de la Universidad, 1940.
Assaf, José E. El teatro argentino como problema nacional. BA,
 Criterio, 1937.
Barletta, Leónidas. Viejo y nuevo teatro; crítica y teoría. BA,
 Futuro, 1960.
Barrault, Jean Louis. Reflexiones sobre el teatro. BA, Pena-Del
 Giúdice, 1953.
Barrenechea, Ana M., and Emma S. Speratti Piñero. La litera-
 tura fantástica en Argentina. México, Imprenta Universi-
 taria, 1957.
Becco, Horacio Jorge. Negros y morenos en el cancionero rio-
 platense. BA, Sociedad Argentina de Americanistas, 1953.
Beck-Aguilar, Vera F. de. "Argentina: literary melting pot."
 Hisp, 45 (1962), 259-64.

Beltrán, Oscar R. "Orígenes del teatro argentino." CCT, No. 10 (1940), 31-52.

Beltrán, Oscar R. Los orígenes del teatro argentino, desde el Virreynato hasta el estreno de Juan Moreira (1884). BA, Opera Argentina, 1941.

Berenguer Carisomo, Arturo. Historia de la literatura argentina y americana, quinto año; 2a ed. BA, L. Lasserre, 1960.

Berenguer Carisomo, Arturo. Las ideas estéticas en el teatro argentino. BA, Instituto Nacional de Estudios de Teatro, 1947.

Bernárdez Jacques, Elbro. La cultura argentina a través de un pensamiento socrático. BA, 1956.

Berrutti, Alejandro E. "El teatro breve nacional." RET, No. 5 (1962), 35-39.

Bianchi, Alfredo Antonio. Teatro nacional. BA, Cúneo, 1920.

Blanco Amores de Pagella, Angela. "El 'grotesco' en la Argentina." USF, No. 49 (1961), 161-75.

Blanco Amores de Pagella, Angela. "El problema del ser en el teatro nacional." USF, No. 57 (1963), 171-90.

Boneo, Martín Alberto. Poesía argentina, ensayos. BA, Instituto Amigos del Libro Argentino, 1968.

Bosch, Mariano G. Historia del teatro en Buenos Aires. BA, El Comercio, 1910.

Bosch, Mariano G. "Orígenes del teatro nacional argentino." BET, Nos. 18-19 (1947), 175-84.

Bosch, Mariano G. "El teatro en la historia nacional." CCT, No. 12 (1938), 89-107.

Bottone, Mireya. La literatura argentina y el cine. Santa Fe, Universidad Nacional del Litoral, Facultad de Filosofía y Letras, Instituto de Letras, 1964.

Brinkmann, Jorge. "Panorama de la novelística argentina." CuS, Nos. 19-20 (1966), 147-56.

Cámara, Horacio J. de la. "Nombres de más y de menos en la poesía argentina, hasta Lugones." EAm, 17 (1959), 273-85.

Canal Feijóo, Bernardo. "Las dos ramas de la literatura." RET, No. 8 (1964), 31-33.

Canal Feijóo, Bernardo. "En el principio era el teatro." CCT,
    No. 18 (1964), 63-83.

Canal Feijóo, Bernardo. La expresión popular dramática.
    Tucumán, Universidad Nacional de Tucumán, Facultad de
    Filosofía y Letras, 1943.

Canal Feijóo, Bernardo. "La fiesta sacramental americana; fiesta
    y espectáculo dramático." BET, No. 7 (1944), 203-208.

Canal Feijóo, Bernardo. "Historia y teatro." RET, No. 5 (1962),
    5-12.

Canal Feijóo, Bernardo. "La independencia literaria." Comentario,
    No. 48 (1966), 22-29.

Canal Feijóo, Bernardo. Una teoría teatral argentina. BA,
    Centro de Estudios de Arte Dramático, Ariadna, 1956.

Carilla, Emilio. El cuento fantástico. BA, Nova, 1968.

Carilla, Emilio. Literatura argentina, 1800-1950 (esquema
    generacional). Tucumán, Universidad Nacional de Tucumán,
    Facultad de Filosofía y Letras, 1954.

Carlo, Omar del. "El teatro argentino y sus autores." CCLC,
    No. 76 (1963), 44-48.

Carrizo, Juan Alfonso. Antiguos cantos populares argentinos. BA,
    Estudios Hispánicos, 1945.

Carrizo, Juan Alfonso. La poesía tradicional argentina; intro-
    ducción a su estudio. La Plata, Ministerio de Educación
    de la Provincia de Buenos Aires, 1951.

Carter, Erwin D., Jr. "Magical realism in contemporary Argen-
    tine fiction." DA, 27 (1966), 1361A-62A (USC).

Casadevall, Domingo F. La evolución de la Argentina vista por el
    teatro nacional. BA, Ediciones Culturales Argentinas, 1965.

Casadevall, Domingo F. El teatro nacional: sinopsis y perspecti-
    vas. BA, Ediciones Culturales Argentinas, 1961.

Casadevall, Domingo F. El tema de la mala vida en el teatro
    nacional. BA, G. Kraft, 1957.

Castagnino, Raúl H. "La comedia en la escena porteña." AyLa,
    2, número extraordinario (1961), 64-82.

Castagnino, Raúl H. Esquema de la literatura dramática argentina
    (1717-1949). BA, Instituto de Historia del Teatro

Americano, 1950.

Castagnino, Raúl H. "Proposiciones para un estudio sobre la
novela argentina." RULP, No. 16 (1962), 23-36.

Castagnino, Raúl H. Teoría del teatro; 2a ed. BA, Nova, 1959.

Castellanos, Luis Arturo. El cuento en la Argentina. Santa Fe,
Instituto Argentino de Cultura Hispánica de Rosario, 1967.

Chávez, Fermín. "Civilización y barbarie en la cultura
argentina." EAm, 10 (1955), 409-31.

Cocca, Aldo Armando. Teatro cruel. BA, Argentores, 1960.

Daireaux, Max. "La soledad de los espíritus en la Argentina."
Nosotros, 2a época, No. 36 (1939), 383-90.

Díaz Plaja, Guillermo. "Meditación sobre lo argentino en la
novela." BAAL, No. 72 (1950), 177-209.

Diccionario de la literatura latinoamericana. Argentina. Washington, D.C., Unión Panamericana, 1960-61. 2 vols.

Donni de Mirande, Nélida E. La lengua coloquial y la lengua de
la literatura argentina. Santa Fe, Universidad Nacional del
Litoral, Facultad de Filosofía y Letras, 1967.

Dreidemie Alonso, Oscar Juan. Los orígenes del teatro en las
regiones del Río de la Plata. BA, Academia Literaria del
Plata, 1938.

Durán Cerda, Julio. "Civilización y barbarie en el desarrollo del
teatro ríoplatense." RI, 29 (1963), 89-124.

Earle, Peter G. "Espacio y soledad en la literatura argentina."
Sur, No. 279 (1962), 30-40.

Echagüe, Juan Pablo. "El teatro de ideas." BET, No. 10 (1945),
145-54.

Echagüe, Juan Pablo. Un teatro en formación. BA, Trafant, 1919.

Escalada Iriondo, Jorge. "Orígenes del teatro porteño." BET,
No. 8 (1945), 23-32.

Estrella Gutiérrez, Fermín, and Emilio Suárez Calimano. Historia
de la literatura americana y argentina, con antología; 7a ed.
BA, Kapelusz, 1961.

Estrella Gutiérrez, Fermín. Nociones de historia de la literatura
española, hispanoamericana y argentina; con antología. BA,
Kapelusz, 1954.

Estrella Gutiérrez, Fermín. Panorama sintético de la literatura argentina. Santiago de Chile, Ercilla, 1938.

Evreinof, Nicolás. El teatro en la vida. BA, Leviatán, 1957.

Farías, Javier. Historia del teatro; 2a ed. BA, Atlántida, 1958.

Fernández Latour, Olga. Cantares históricos de la tradición argentina. BA, Instituto Nacional de Investigaciones Folklóricas, 1960.

Fernández Moreno, César. La realidad y los papeles; panorama y muestra de la poesía argentina contemporánea. Madrid, Aguilar, 1961 and 1967.

Fernández Moreno, César. "Las revistas literarias en la Argentina." RHM, 29 (1963), 46-54.

Fisherova Bech, Vera. "Las heroínas en la novelística argentina." RHM, 10 (1944), 231-50.

Foppa, Tito Livio. Diccionario teatral del Río de la Plata. BA, Argentores, 1961.

Franco, Luis. "Divagaciones sobre el teatro." CCT, No. 18 (1944), 9-31.

Frugoni de Fritzsche, Teresita. "La inscripción como tema literario de la poesía argentina." USF, No. 55 (1963), 189-214.

Gandolfi Herrero, Arístides [Alvaro Yunque]. Síntesis histórica de la literatura argentina. BA, Claridad, 1957.

García, Germán. La novela argentina; un itinerario. BA, Sudamericana, 1952.

García Velloso, Enrique. Historia de la literatura argentina. BA, Angel Estrada, 1914.

Ghiano, Juan Carlos. Constantes de la novela argentina. BA, Raigal, 1953.

Ghiano, Juan Carlos. "La época de oro del teatro argentino." Davar, No. 87 (1960), 75-91.

Ghiano, Juan Carlos. "Personajes del teatro argentino." HumLP, 38 (1961), 169-87.

Ghiano, Juan Carlos. Testimonio de la novela argentina. BA, Leviatán, 1956.

Giménez Pastor, Arturo. Historia de la literatura argentina. BA,
    Labor, 1945.

Giusti, Roberto F. "El drama rural argentino." CCT, No. 7
    (1937), 9-34.

Giusti, Roberto F. "Un itinerario de la poesía argentina." CA,
    No. 125 (1963), 232-46.

Giusti, Roberto F. "Nuestro drama rural." CCT, No. 7 (1937),
    9-34.

Giusti, Roberto F. "Orígenes del teatro rioplatense." Nosotros,
    No. 105 (1918), 67-77.

Giusti, Roberto F. Poetas de América. BA, Losada, 1956.

Giusti, Roberto F. "El teatro rioplatense: del circo a las
    modernas expresiones de vanguardia." CA, No. 77 (1954),
    198-212.

González Castro, Augusto. Panorama de las antologías argentinas.
    BA, F. A. Colombo, 1966.

Gouhier, Henri Gaston. La esencia del teatro. BA, Argentores,
    1956.

Gouhier, Henri Gaston. La obra teatral. BA, EUDEBA, 1961.

Gregorio de Mac, María Isabel de. El voseo en la literatura
    argentina. Santa Fe, Universidad Nacional de Litoral,
    Facultad de Filosofía y Letras, 1967.

Inchauspe, Pedro. "Elemento tradicional de la región central
    'para nuestro teatro'." CCT, No. 16 (1942), 29-58.

"Instituto de Estudios de Teatro; labor popular en pro del arte
    dramático." RET, No. 1 (1959), 55-72.

Insúa, Alberto. "Discordia y concordia de la novela y el teatro."
    CCT, No. 20 (1944), 59-66.

Jijena Sánchez, Lidia Rosalía de. Poesía popular y tradicional
    americana. BA, Espasa-Calpe Argentina, 1952.

Jijena Sánchez, Rafael. De nuestra poesía popular. BA, Buenos
    Aires, 1940.

Jitrik, Noé. El escritor argentino; dependencia o libertad. BA,
    Candil, 1967.

Kleins, Pablo. "Die argentinische Kurzgeschichte." NS, 13 (1964),
    249-52.

Lanuza, José Luis.   Coplas y cantares argentinos; notas sobre
poesía popular.   BA, Emecé, 1952.

Lanuza, José Luis.   "La historia nacional como tema de teatro. "
CCT, No. 17 (1942), 67-68.

Lewald, H. Ernest.   "Aim and function of constumbrismo porteño. "   Hisp, 46 (1963), 525-29.

Lewald, H. Ernest.   "Society and 'La Bolsa' in the Argentine
novel. "   Hisp, 43 (1960), 198-200.

Maffei, Francisco E.   En busca de una expresión argentina.
Bahía Blanca, Universidad Nacional del Sur, Instituto de
Humanidades, 1960.

Magis Otón, Carlos Horacio.   La literatura argentina.   México,
Pormaca, 1965.

Marial, José.   El teatro independiente.   BA, Alpe, 1955.

Marsili, Ernesto.   El verdadero orígen del teatro argentino; la
obra de los católicos.   BA, J. Lajoune, 1935.

Martínez Estrada, Ezequiel.   "The lineage of Argentinean literature. "   Diogenes, No. 43 (1963), 79-97.

Massini Ezcurra, José M.   El cancionero argentino.   Santa Fe,
Revista Universidad, 1956 [separata del No. 33].

Mastronardi, Carlos.   Formas de la realidad nacional.   BA,
Ediciones Culturales Argentinas, 1961.

Mazzei, Angel.   "Algunos rasgos del cuento en la literatura
argentina. "   Comentario, No. 48 (1966), 94-98.

Mazzei, Angel.   "El tema de la primavera en la poesía argentina. "
USF, No. 54 (1962), 185-211.

Menéndez y Pelayo, Marcelino.   Historia de la poesía argentina.
BA, Institución Cultural Española, 1943.

Menéndez y Pelayo, Marcelino.   Historia de la poesía argentina y
uruguaya.   BA, Liceo de España, 1943.

Morales, Ernesto.   Historia del teatro argentino.   BA, Lantaro,
1944.

Morales, Ernesto.   Literatura argentina.   BA, Atlántida, 1944.

Morales, Ernesto. El sentimiento popular en la literatura argentina. BA, El Ateneo, 1926.

Moussinac, León. Tratado de la puesta en escena. BA, Leviatán, 1957.

Moya, Israel. "El circo y el payador." RET, No. 1 (1959), 19-28.

Mujica Láinez, Manuel. Poetas argentinos en Montevideo. BA, Emecé, 1943.

Odena, Isidro J. "Elementos para la formación de un teatro nacional." CCT, No. 17 (1942), 43-62.

Ordaz, Luis. El teatro en el Río de la Plata desde sus orígenes hasta nuestros días; 2a ed. BA, Leviatán, 1957.

Oro, Eugenia de. "El teatro como expresión universal de la vida." BET, No. 26 (1949), 55-67.

Pagés Larraya, Antonio. "Perfil de las letras argentinas." CHA, No. 178 (1964), 77-106.

Pagés Larraya, Antonio. "Rasgos de la literatura argentina." La torre, 13 (1965), 87-107.

Pedro, Valentín de. "En busca del espíritu de nuestra tierra." Nosotros, 2a época, No. 75 (1952), 247-60.

Percas, Helena. La poesía feminina argentina (1810-1950). Madrid, Ediciones Cultura Hispánica, 1958.

Pesante, Edgarde A. "Situación del autor teatral de la Argentina." USF, No. 64 (1965), 217-37.

Ponferrada, Juan Oscar. "Orígenes y rumbos del teatro." Buenos Aires, 6 (1948), 55-64.

Portantiero, Juan Carlos. Realismo y realidad en la narrativa argentina. BA, Procyon, 1961.

Potenze, Jaime. "Encuesta sobre el teatro argentino." Criterio, Nos. 944-56 (1946).

Prieto, Adolfo. La literatura autobiográfica argentina. BA, Jorge Alvarez, 1966. Also, Rosario, Universidad Nacional del Litoral, Facultad de Filosofía y Letras, 1962.

Prieto, Adolfo. Literatura y subdesarrollo, notas para un análisis de la literatura argentina. Rosario, Biblioteca, 1968.

Quiroga, Carlos B.   "Aparición y formación del teatro nacional;
  cómo deben presentarse sus características regionales."
  CCT, No. 17 (1942), 9-24.

Quiroga, Carlos B.   El paisaje argentino en función del arte.
  BA, Tor, 1933.

Quiros Mouzo, Sergio.   Figuras de la literatura argentina.   Santiago de Chile, Nascimiento, 1942.

Ramos, Jorge Alberto.   Crisis y resurrección de la literatura
  argentina; 2a ed.   BA, Coyacán, 1961.

Rega Molina, Horacio.   La flecha pintada.   BA, Ediciones Argentina, 1943.

Rohde, Jorge Max.   Las ideas estéticas en la literatura argentina.
  BA, Coni, 1921-26.

Rojas, Ricardo, Historia de la literatura argentina...   BA, Kraft,
  1957.

Rojas Paz, Pablo.   "El teatro y las ideas."   CCT, No. 9 (1940),
  63-81.

Rossi, Vicente.   Teatro nacional rioplatense.   Córdoba, Beltrán y
  Rossi, 1910.

Salaverri, Vicente A.   Del picadero al proscenio (orígenes del
  teatro rioplatense).   Montevideo, 1913.

Schaeffer Gallo, Carlos.   "El acervo regional en el teatro
  vernáculo."   RET, No. 2 (1959), 25-30.

Sociedad General de Autores de la Argentina (Argentores).   Promoción y defensa del teatro nacional.   BA, 1962.

Solá González, Alfonso.   Capítulos de la novela argentina.   Mendoza, Biblioteca San Martín, 1959.

Stanchina, Camilo F.   "La crisis del teatro nacional."   Nosotros,
  2a época, No. 69 (1941), 307-13.

Storni, Eduardo Raúl.   Ficción y realidad humana en el teatro
  contemporáneo.   Santa Fe, Castellví, 1956.

Urquiza Almandoz, Oscar F.   La poesía del Río de la Plata.   BA,
  Academia Nacional de la Historia, 1968.

Valbuena Briones, Angel J.   "Evolución de la narración argentina
  de temas hasta Don Segundo Sombra."   RNM, No. 201
  (1959), 327-54.

Valle Palacios, Nilda del. "El tema de la violencia en algunos escritores argentinos." RevH, 3 (1964), 142-68.

Varela, Juan Cruz. "Literatura nacional; primero artículo." BLA, 1, 1 (1964), 45-63.

Yates, Donald Alfred. "The Argentine detective story." DA, 22 (1961), 578 (Mich.).

Zocchi, Juan. Teatro, arte confesional. BA, Efda, 1956.

2. Collections of Essays and Articles

In contrast to the general statement in the Introduction limiting items to those dealing directly and principally with Argentine literature, this section includes some collections of essays of a larger scope as a result of the attempt to list here all collections referred to in the bibliographic data of Part Four.

Acevedo Díaz, Eduardo (h). Los nuestros (estudios de crítica). BA, M. García, 1910.

Acuña, Angel. Ensayos. BA, Espiasse, 1926. ____. 2a serie. BA, Espiasse, 1932. ____. 3a serie. BA, Coni, 1939.

Alder, María Raquel. De la tierra al cielo (ensayos literarios). BA, Serviam, 1936.

Aita, Antonio. Expresiones. BA, Barcelona, 1933.

Aita, Antonio. La literatura y la realidad americana. BA, L. J. Rosso, 1931.

Alonso, Amado. Materia y forma en la poesía. Madrid, Gredos, 1955.

Anderson Imbert, Enrique. Crítica interna. Madrid, Taurus, 1961.

Ara, Guillermo. Los argentinos y la literatura nacional; estudios para una teoría de nuestra expresión. BA, Huemul, 1966.

Arrieta, Rafael Alberto. Presencias; páginas conmemorativas. BA, Julio Suárez, 1936.

Bastardi, Francisco. Yo también con mis memorias (cincuenta años de teatro argentino). BA, Ancora, 1963.

Bonet, Carmelo M. Gente de novela. BA, Imprenta de la Universidad, 1939.

Bonet, Carmelo M. Palabras. BA, Universidad Nacional de Buenos Aires, Facultad de Filosofía y Letras, Biblioteca del Colegio de Graduados, 1935.

Bonet, Carmelo M. Voces argentinos. BA, Librería del Colegio, 1940.

Borges, Jorge Luis. Discusión. BA, Emecé, 1957.

Borges, Jorge Luis. El idioma de los argentinos. BA, M. Gleizer, 1928.

Brughetti, Romualdo. Descontento creador; afirmación de una conciencia argentina. BA, Losada, 1943.

Brughetti, Romualdo. Nuestro tiempo y el arte. BA, Poseidón, 1945.

Cambours Ocampo, Arturo. Indagaciones sobre literatura argentina. BA, Albatros, 1952.

Cambours Ocampo, Arturo. Verdad y mentira de la literatura argentina; bases históricas de un idioma nacional. BA, A. Peña Lillo, 1962.

Canal Feijóo, Bernardo. El norte. BA, Emecé, 1942.

Cansinos-Assens, Rafael. Verde y dorado en las letras americanas. Madrid. M. Aguilar, 1947.

Capdevila, Arturo. Tiempos y poetas... BA, Clydoc, 1944.

Carella, Tulio. Picaresca porteña. BA, Siglo Veinte, 1966.

Coronado, Nicolás. Crítica negativa. BA, Agencia General de Librería y Publicaciones, 1923.

Coronado, Nicolás. Desde la platea; nuevas críticas negativas. BA, Babel, 1924.

Díez-Canedo, Enrique. Letras de América, estudios sobre las literaturas continentales. México, El Colegio de México, 1944.

Echagüe, Juan Pablo. Escritores de la Argentina. BA, Emecé, 1945.

Echagüe, Juan Pablo. Puntos de vista (crónicas de bibliografía y teatro). Barcelona-BA, Maucci, 1905.

Echagüe, Juan Pablo. Seis figuras del Plata. BA, Losada, 1938.

Echagüe, Juan Pablo. Vida literaria. BA, Sopena Argentina, 1941.

Erro, Carlos Alberto. Medida del criollismo. BA, Porter, 1929.

Espinoza, Enrique. De un lado y otro. Santiago de Chile, Editorial Universitaria, 1955.

Espinoza, Enrique. Trinchera. BA, Babel, 1932.

Estrella Gutiérrez, Fermín. Recuerdos de la vida literaria. BA, Losada, 1966.

Gálvez, Manuel. Amigos y maestros de mi juventud; recuerdos de la vida literaria (1900-1910). BA, Guillermo Kraft, 1944. Also, BA, Hachette, 1961.

Gálvez, Manuel. La Argentina en nuestros libros. Santiago de Chile, Ercilla, 1935.

Gálvez, Manuel. La vida múltiple (arte y literatura: 1910-1916). BA, Nosotros, 1916.

García, Juan Agustín. Nuestra incultura. BA, Claridad, 1921.

García, Juan Agustín. Sobre el teatro nacional y otros artículos y fragmentos. BA, Agencia General de Librería y Publicaciones, 1921.

García, Juan Agustín. Sombras que pasan. BA, Andreeta y Rey, 1925.

García Mérou, Martín. Libros y autores. BA, Lajoune, 1886.

García Mérou, Martín. Recuerdos literarios. BA, Félix Lajoune, 1891. Also, BA, Sans, 1915.

García Velloso, Enrique. Memorias de un hombre de teatro. BA, G. Kraft, 1942.

Gémier, Firmín. El teatro; conversaciones con Paul Gisell. BA, Futuro, 1946.

Ghiano, Juan Carlos. Temas y aptitudes... BA, Ollantay, 1949.

Giusti, Roberto F. Crítica y polémica; 1ª serie. BA, Nosotros, 1917. ____. 2a serie. BA, Limitada, 1924. ____. 3a serie. BA, Limitada, 1927. ____. 4a serie. BA, Nosotros, 1930.

Giusti, Roberto F. Ensayos. BA, Bartolomé U. Chiesino, 1955.

Giusti, Roberto F. Literatura y vida. BA, Nosotros, 1939.

Giusti, Roberto F. Momentos y aspectos de la cultura argentina. BA, Raigal, 1954.

Giusti, Roberto F. Siglos, escuelas, autores. BA, Problemas, 1946.

Giusti, Roberto F. Visto y vivido: anécdotas, semblanzas, confesiones y batallas. BA, Losada, 1965.

González, Juan B. En torno al estilo; crítica literaria. BA, Gleizer, 1931.

González Ruano, César. Literatura americana; ensayos de madrigal y de crítica... Madrid, Fernando Fe, 1924.

Goyena, Pedro. Crítica literaria. BA, La Cultura Argentina, 1917.

Gutiérrez, Juan María. Letras argentinas... BA, El Ateneo, 1929.

Ibarguren, Carlos. De nuestra tierra. BA, Limitada, 1917.

Ibarguren, Carlos. Estampas de argentinos. BA, Bernabé, 1935.

Iglesias, Eugenio Julio. Anaquel. BA, Gleizer, 1927.

Jijena Sánchez, Rafael. Retablo popular. BA, Sed, 1952.

Lanuza, José Luis. Morenada. BA, Emecé, 1946.

Lanuza, José Luis. Los morenos. BA, Emecé, 1942.

Leguizamón, Martiniano. La cinta colorada; notas y perfiles. BA,
   Sud-Americana de Billetes de Banco, 1916.

Leguizamón, Martiniano. De cepa criolla. La Plata, J. Sesé,
   1908.

Liacho, Lázaro. Dinámica porteña. BA, Viau y Zona, 1936.

López Aranguren, Dolores. Ala y tiempo. La Plata, 1951.

Malvigne, Pedro César. Pedro Miguel Obligado y el dolor de los
   grandes. BA, Falbo, 1967.

Marasso, Arturo. Estudios literarios. BA, El Ateneo, 1920.

Marinello, Juan. Literatura hispanoamericana; hombres, meditaciones. México, Universidad Nacional Autónoma de México,
   1937.

Martínez Estrada, Ezequiel. Para una revisión de las letras
   argentinas; prolegómenas. BA, Losada, 1967.

Mejía Prieto, Arturo. Tres ensayos: teatro-novela-cuento. Bahía
   Blanca, Universidad Nacional del Sur, Extensión Cultural,
   1959.

Melián Lafinur, Alvaro. Buenos Aires (imágenes y semblanzas).
   BA, Losada, 1939.

Melián Lafinur, Alvaro. Literatura contemporánea. BA, Limitada,
   1918.

Méndez Calzada, Enrique. Pro y contra... BA, Jesús Menéndez,
   1930.

Mertens, Federico. Confidencias de un hombre de teatro; medio
   siglo de vida escénica... BA, Nos, 1948.

Montero, Belisario J. Ensayos sobre filosofía y arte. BA, 1922.

Noé, Julio. Nuestra literatura; notas y estudios críticos... BA,
   Limitada, 1923.

Phillips, Allen W. Estudios y notas sobre literatura hispanoamericana. México, Biblioteca del Nuevo Mundo, 1965.

Pineta, Alberto. Verde memoria, tres décadas de literatura y
periodismo en una autobiografía; los grupos de Boedo y
Florida. BA, A. Zamora, 1962.

Ponce, Aníbal. La vejez de Sarmiento [ensayos]; 2a ed. BA, 1949.

Quiroga, Carlos B. Alma popular. BA, Limitada, 1924.

Rodríguez Monegal, Emir. El juicio de los parricidas--la nueva
generación argentina y sus maestros. BA, Deucalión, 1956.

Rodríguez Monegal, Emir. Narradores de esta América. Montevideo,
Alfa, 1963.

Rohde, Jorge Max. Estudios literarios. BA, Coni, 1920.

Rojas, Ricardo. Cosmópolis. Paris, Garnier, 1909.

Rojas Paz, Pablo. Cada cual y su mundo, ensayos bibliográficos.
BA, Poseidón, 1944.

Román, Marcelino M. Itinerario del payador. BA, Lautaro, 1957.

Sábato, Ernesto. El escritor y sus fantasmas. BA, Aguilar, 1963.

Sáenz Hayes, Ricardo. Antiguos y modernos. BA, Buenos Aires,
1927.

Sánchez, Luis Alberto. Escritores representativos de América.
Madrid, Gredos, 1957.

Sánchez Garrido, Amelia. Indagaciones de lo argentino. BA,
Ediciones Culturales Argentinas, 1962.

Seigel, Lázaro. El paisaje lírico de la pampa y otros ensayos.
La Plata, Municipalidad de La Plata, 1962.

Soto, Luis Emilio. Crítica y estimación. BA, Sur, 1938.

Tagle, Armando. Estudios de psicología y de crítica. BA,
Cappellano, 1933.

Tagle, Armando. Nuevos estudios psicológicos... BA, Gleizer,
1948.

Torrendell, Juan. Los concursos literarios y otros ensayos. BA,
Tor, 1926.

Torrendell, Juan. Crítica menor; 2a ed. BA, Tor, 1933.

Torres-Rioseco, Arturo. Grandes novelistas de la América Hispana.
Berkeley, University of California Press, 1949.

Torres-Rioseco, Arturo. Novelistas contemporáneos de América. Santiago de Chile, Nascimiento, 1939.

Ugarte, Manuel. Escritores latinoamericanos de 1900. México, Vértice, 1947.

Unamuno y Jugo, Miguel de. Temas argentinos. BA, Institución Cultural Española, 1943.

Villanueva, Amaro. Crítica y pico. Santa Fe, Colmegna, 1945.

Villaseñor, Eduardo. De la curiosidad y otros papeles. México, Letras de México, 1945.

Vittori, José Luis. La voluntad de lealismo. Santa Fe, Colmegna, 1963.

Wapnir, Salomón. Crítica positiva. BA, Tor, 1926.

3. Period Studies

a. Colonial Period

Becco, Horacio Jorge. El tema del negro en cantos, bailes y villancicos de los siglos XVI y XVII. BA, Ollantay, 1951.

Carilla, Emilio. Estudios de literatura argentina (siglos XVI-XVIII). Tucumán, Universidad Nacional de Tucumán, 1968.

Furlan, Luis Ricardo. Crónica de la poesía argentina joven. Venezuela, Lírica Hispana, 1963.

b. Nineteenth Century

Blasi Brambilla, Alberto. "Anuncios poéticos de la independencia argentina." Comentario, No. 50 (1966), 55-59.

Borello, Rodolfo A. "Mayo: literatura y realidad." USF, No. 64 (1965), 175-206.

Bosch, Mariano G. Historia de los orígenes del teatro nacional argentino y la época de Pablo Podestá. BA, L. J. Rosso, 1929.

Bosch, Mariano G. "Viejos circos porteños; los bailes pantomímicos." BET, No. 6 (1944), 157-61.

Caldas Villar, Jorge. "La literatura y el periodismo: palancas de la indepedencia argentina." Davar, No. 111 (1965), 69-75.

Cárdenas de Monner Sans, María Inés. "Apuntes sobre nuestro sainete y la evolución político-social argentina." USF, No. 49 (1961), 73-90.

Carilla, Emilio. Estudios de literatura argentina (siglo XIX). Tucumán, Universidad de Tucumán, Facultad de Filosofía y Letras, 1965.

Castagnino, Raúl H. "Albores de la literatura argentina, 1810-1830." Atlántida, No. 1120 (1960), 69-72.

Castagnino, Raúl H. Algunos aspectos de la cultura literaria de

Mayo. La Plata, Universidad Nacional de La Plata, Facultad de Humanidades y Ciencias de la Educación, 1960.

Castagnino, Raúl H. El circo criollo; datos y documentos para su historia, 1757-1924. BA, Lajoune, 1953.

Castagnino, Raúl H. Contribución documental a la victoria de El[sic] teatro en Buenos Aires durante la época de Rosas (1830-1852). BA, Comisión Nacional de Cultura, Instituto Nacional de Estudios de Teatro, 1944.

Castagnino, Raúl H. Milicia literaria de Mayo; ecos, cronicones y pervivencias. BA, Nova, 1960.

Cavazzana, Rosanna. "Dramaturgia en la época de Mayo." RET, No. 3 (1960), 30-37.

Cúneo, Dardo. El romanticismo político... BA, Transición, 1955.

Ghiano, Juan Carlos. "La literatura entre 1830 y 1880." Atlántida, No. 1120 (1960), 73-75.

Grossmann, Rudolf. "Die Rolle des Volksstück im La Plata: ein Kapitel Teatergeschichte des 19. Jahrhunderts." In Christian Voigt, and Erich Zimmermann, Libris et literis... (Hamburg, Maximilian-Gesellschaft, 1959), 221-43.

Gutiérrez, Juan María. Los poetas de la revolución. BA, Academia Argentina de Letras, 1941.

Hulet, Claude Lyle. "La segunda generación romántica argentina: ensayo de apreciación histórico-política." CA, No. 108 (1960), 232-48.

Jaén, Didier T. "Hispanoamérica como problema a través de la generación romántica en Argentina y Chile." DA, 26 (1965), 2215-16 (Texas).

Jitrik, Noé. "Soledad y urbanidad; ensayo sobre la adaptación del romanticismo en la Argentina." BLA, 1, 2 (1966), 27-61.

King, Harry Lee, Jr. "Juan Manuel de Rosas and his epoch as portrayed in Argentine fiction." DA, 22 (1962), 3665-66 (North Carolina).

La Plata. Universidad Nacional. Departamento de Letras. Algunos aspectos de la cultura literaria de Mayo. La Plata, 1961.

Lichtblau, Myron I. The Argentine novel in the nineteenth century. NY, Hispanic Institute in the United States, 1959. Also in DA, 17 (1957), 1555-56 (Columbia).

McMahon, Dorothy.   "The Indian in Romantic literature of the
          Argentine. "   MP, 56 (1958), 17-23.

Masciopinto, F. Adolfo.   El ideario de los hombres de Mayo y el
          cancionero popular.   Rosario, Universidad Nacional del
          Litoral, Facultad de Filosofía, Letras y Ciencias de la
          Educación, 1951.

Morales, Ernesto.   Fisonomías de 1840.   BA, El Ateneo, 1940.

Nallim, Carlos Orlando.   "Contenido y expresión de la literatura
          argentina de la independencia. "   Versión, No. 5 (1966), 13-
          18.

Oría, Josè A.   "La literatura argentina durante la època de Rosas
          (1829-1852). "   In Ricardo Levene, Historia de la nación
          Argentina. . .   (BA, Imprenta de la Universidad, 1950),
          VII, 497-539.

Pagès Larraya, Antonio.   Perduración romàntica en las letras
          argentinas.   Mèxico, Universidad Nacional Autònoma de
          Mèxico, Facultad de Filosofía y Letras, 1963.

Pagès Larraya, Antonio.   "Tendencias de la novela romàntica argen-
          tina. "   Atenea, No. 130 (1958), 208-20.

Pèrez Martín, Norma.   "El problema de la lengua nacional en los
          primeros romànticos argentinos. "   USF, No. 60 (1964),
          221-41.

Río, Marcela del.   "La Argentina y el teatro de los 21. "   CBA, 2,
          1 (1961), 19-28.

Rodríguez Molas, Ricardo.   "O negro na història argentina.   (1852-
          1890), "   Alfa, No. 4 (1963), 189-204.

Rosario.   Universidad Nacional del Litoral.   Instituto de Letras.
          Proyección del rosismo en la literatura argentina; seminario
          del Instituto de Letras.   Rosario, 1959.

Rosemberg, Fernando.   "La poesía de la independencia. "   Davar,
          No. 111 (1966), 76-89.

Salceda, Juan Antonio.   Actualidad del Dogma de Mayo.   BA, Insti-
          tuto Amigos del Libro Argentino, 1963.

Sánchez, Luis Alberto.   ¿Tuvimos maestros en nuestra Amèrica?
          Balance y liquidación del novecientos.   BA, Raigal, 1956.

Soler Cañas, Luis. Negros, gauchos y compadres en el cancionero
    de la Federación. BA, Instituto de Investigaciones His-
    tóricas Juan Manuel de Rosas, 1958.

Weinberg, Félix. La literatura argentina vista por un crítico
    brasileño en 1844. Rosario, Universidad Nacional del
    Litoral, Facultad de Filosofía y Letras, 1961.

c. Twentieth Century

Aita, Antonio. La literatura argentina contemporánea (1900-1930).
    BA, L. J. Rosso, 1931.

Andrés, Alfredo. "Crónica de la poesía argentina, 1960-1965; la
    parte." CP, 1 (1966), 132-52.

Apstein, Theodore. The contemporary Argentine theatre. Unpub-
    lished Ph. D. dissertation, University of Texas, 1945.

Bajarlía, Juan J. Literatura de vanguardia del Ulises de Joyce y
    las escuelas poéticas. BA, Arauyo, 1946.

Barletta, Leónidas. Boedo y Florida; una versión distinta. BA,
    Metrópolis, 1967.

Berenguer Carisomo, Arturo. "La crisis del teatro argentino."
    CHA, No. 167 (1963), 313-27. Also in CuS, No. 25 (1966),
    681-90.

Berenguer Carisomo, Arturo. "La dramática realista-naturalista
    (1900-1918)." BET, No. 2 (1943), 21-23.

Berrutti, Alejandro. "El autor en el momento actual del teatro
    argentino." RET, No. 2 (1959), 15-23.

Blanco Amor, José. "La novela argentina de hoy y el país real."
    CHA, No. 205 (1967), 134-43.

Bonet, Carmelo M. "La novela argentina en el siglo XX." CyC,
    No. 229 (1951), 77-101; Nos. 241-43 (1952), 58-81.

Bonet, Carmelo M. "Orientación estética dominante en la actual
    literatura argentina." Síntesis, No. 12 (1923), 5-20.

Bragaglia, Anton Giulio. El nuevo teatro argentino; hipótesis. BA,
    Roma, 1930.

Brughetti, Romualdo. "Una nueva generación literaria argentina
    (1940-1950)." CA, No. 63 (1952), 261-81.

Bullrich Palenque, Silvina. "La inquietud de Buenos Aires en la
      literatura contemporánea." Nosotros, 2a época, No. 41
      (1939), 341-57.

Cambours Ocampo, Arturo. El problema de las generaciones
      literarias; esquema de las últimas promociones argentinas.
      BA, Peña Lillo, 1963.

Cárdenas de Monner Sans, María Inés. "Algo sobre nuestro teatro
      de hace cincuenta años." USF, No. 46 (1960), 79-86.

Carilla, Emilio. Estudios de literatura argentina, siglo XX.
      Tucumán, Universidad Nacional de Tucumán, Facultad de
      Filosofía y Letras, 1961.

Castagnino, Raúl H. "Panorama de una década de estrenos
      nacionales en los teatros porteños (1950-1960)." Ficción,
      Nos. 24-25 (1960), 135-56.

Castelli, Eugenio. "Nuevas experiencias en la novela argentina."
      Crítica..., No. 15 (1967), 5-25.

Cobo, Armando J. ¿A dónde va la literatura argentina? La
      novela. BA, Losarge, 1954.

Córdova Iturbura, Cayetano. La revolución martinfierrista. BA,
      Ediciones Culturales Argentinas, 1962.

Del Carlo, Omar. "Corrientes de la literatura dramática contempo-
      ránea." RULP, No. 5 (1958), 25-40.

Echagüe, Juan Pablo. Una época del teatro argentino (1904-1918);
      2a ed. BA, L. J. Rosso, 1926.

Ghiano, Juan Carlos. Poesía argentina del siglo XX. México,
      Fondo de Cultura Económica, 1957.

Gibbs, Beverly Jean. "Spatial treatment in the contemporary
      psychological novels of Argentina." Hisp, 45 (1962), 410-14.

Gibbs, Beverly Jean. "A study of five contemporary novels of
      Argentina." DA, 21 (1960), 632 (Wisc.)

Giordano, Carlos Rafael. "Temas y direcciones fundamentales de
      la promoción poética del 40." BLH, No. 5 (1963), 19-41.

Giusti, Roberto F. Nuestros poetas jóvenes; revista crítica del
      actual movimiento poético argentino. BA, Nosotros, 1911.

Giusti, Roberto F. "Panorama de la literatura argentina con-
      temporánea." Nosotros, 2a época, No. 68 (1941), 121-42.

González Carbalho, José. Indice de la poesía argentina contemporánea. Santiago de Chile, Ercilla, 1937.

González Lanuza, Eduardo. Los martinfierristas. BA, Ministerio de Educación y Justicia, 1961.

Ibarra, Néstor. La nueva poesía argentina, ensayo crítico sobre el ultraísmo, 1921-1929. BA, Molinari, 1930.

Iturburu, Córdova. "Esquema de una ubicación del movimiento Martín Fierro." VyE, Nos. 14-15 (1949), 54-56.

Jitrik, Noé. Seis novelistas argentinos de la nueva promoción. Mendoza, Biblioteca Pública General San Martín, 1959.

Karnis, Michael V. Social issues in Argentine drama since 1900. Ann Arbor, University Microfilms, 1954.

Kovacci, Ofelia. "Tres notas sobre poesía argentina contemporánea." RLAI, 3 (1961), 27-53.

Lacau, María Hortensia, and Mabel Manacorda de Rosetti. "Antecedentes del modernismo en la literatura argentina." CyC, Nos. 181-183 (1947), 163-92.

Liacho, Lázaro. "Origen y destino de la generación martinfierrista." Testigo, No. 3 (1966), 36-39.

Loprete, Carlos Alberto. La literatura modernista en la Argentina. BA, Poseidón, 1955.

Martínez, David. "Informe sobre la nueva poesía argentina (1930-1958)." USF, No. 38 (1958), 179-203.

Martínez, David. Poesía argentina (1940-1949). BA, Chile, 1949.

Mazzei, Angel. El modernismo en la Argentina; las baladas BA, Ciodia, 1958.

Monner Sans, José María. "Del realismo-naturalismo al nuevo teatro." Nosotros, Nos. 42-43 (1939), 20-35.

Monner Sans, José María. "Estado actual del teatro." CCT, No. 1 (1936), 35-46. Also in BET, No. 11 (1954), 205-10.

Monner Sans, José María. Introducción al teatro del siglo XX; 2a ed. BA, Columba, 1958.

Monner Sans, José María. Panorama del nuevo teatro; 2a ed. BA, Losada, 1942.

Peltzer, Federico J. "Panorama de la última novelística argentina."
     CI, 2, 7 (1967), 53-96.

Pereda Valdés, Ildefonso. "Memorial de 'Martín Fierro'." Testigo,
     No. 3 (1965), 18-24.

Petrocini, Helmuth. Spanish-Amerikanische Romane der Gegenwart.
     Hamburg, Conrad Behre, 1938.

Pinto, Juan. Brevario de literatura argentina contemporánea. BA,
     La Mandrágora, 1958.

Pinto, Juan. Literatura argentina del siglo XX... BA, Ediciones
     Argentinas, 1943.

Pinto, Juan. Panorama de la literatura argentina contemporánea.
     BA, Mundi, 1941.

Prieto, Adolfo. "El martín fierrismo." RLAI, 1 (1959), 9-31.
     Also, Montevideo, Universidad de la República, Facultad
     de Humanidades y Ciencias, 1967.

Roggiano, Alfredo A. "Situación y tendencias de la nueva poesía
     argentina." RIB, 13 (1963), 3-29. Also in Espiral, 87
     (1963), 9-22.

Romano, Eduardo. "Qué es eso de una generación del 40." CP,
     1 (1966), 19ff.

Salvador, Nélida. "Mito y realidad de una polémica literaria:
     Boedo-Florida." Sur, No. 283 (1963), 68-72.

Seluja Cecín, Antonio. El modernismo en el Río de La Plata.
     Montevideo, 1965.

Sola, Graciela de. "Un humanismo nuevo en la expresión poética
     argentina." JUH, 2 (1964), 225-34.

Sorenson, Thora. "Recent developments in the Argentine theatre."
     Hisp, 39 (1956), 446-49.

Vignale, Pedro Juan, and César Tiempo. Exposición de la actual
     poesía argentina (1922-1927). BA, Minerva, 1927.

4. Special Topics

a. Folklore

Canal Feijóo, Bernardo. Burla, credo, culpa en la creación anónima.
Sociología, etnología y psicología en el folklore. BA, Nova, 1951.

Carrizo, Juan Alfonso. Historia del folklore argentino. BA,
Ministerio de Educación, Instituto Nacional de la Tradición,
1953.

Coluccio, Félix. Diccionario folklórico argentino. BA, El Ateneo,
1948.

DiLullo, Orestes. "Contribución del folklore al teatro nacional."
CCT, No. 16 (1942), 105-29.

Lehmann-Nitsche, Robert. Folklore argentino... BA, Coni, 1911.

Lehmann-Nitsche, Robert. Folklore argentino: Santos Vega. BA,
H. S. Lehmann-Nitsche de Mengel, 1962.

Schneider de Cabrera, Ana. "Elementos teatrales en el folklore
nacional." CCT, No. 9 (1940), 45-57.

b. Gaucho and Related Topics (Pampa-Indios)

Ara, Guillermo. La poesía gauchesca. BA, Centro Editor de
América Latina, 1967.

Assunção, Fernando O. El gaucho. Montevideo, Imprenta Nacional,
1963.

Borges, Jorge Luis. Aspectos de la literatura gauchesca. Montevideo, Número, 1950.

Bosco, Eduardo Jorge. El gaucho a través de los testimonios ex-
tranjeros, 1773-1870. BA, Emecé, 1947.

Carretero, A. M. El gaucho--mito y símbolo tergiversados.
BA, Escorpio, 1964.

Casullo, F. H. La poesía gauchesca rioplatense popular y culta.
BA, A. Peña Lillo, 1963?

Cortazar, Augusto Raúl. Indios y gauchos en la literatura argentina.
    BA, Instituto Amigos del Libro Argentino, 1956.

Cortazar, Augusto Raúl. "Poesía gauchesca argentina." In Gui-
    llermo Díaz Plaja, Historia general de las literaturas
    hispánicas (Barcelona, Berna, 1949-58), IV, 1ª Parte,
    391-442.

Espinosa, J. E. "Notes on the role of gaucho literature in the
    evolution of Americanismo in Argentina." Hisp, 19 (1936),
    85-92.

Espinoza, Enrique. Tres clásicos ingleses de la pampa: F. B.
    Head, William Henry Hudson, R. B. Cunninghame Graham.
    Santiago de Chile, Babel, 1951.

Etchebarne, Miguel D. La pampa. BA, Emecé, 1946.

Fassina, María. De la poesía gauchesca. BA, 1950.

Furt, Jorge M. Arte gauchesco; motivos de poesía. BA, Coni,
    1924.

Gandolfi Herrero, Arístides [Alvaro Yunque]. Poesía gauchesca y
    nativista rioplatense. BA, Periplo, 1952.

Garganigo, John Frank. "The gaucho in some novels of Argentina
    and Uruguay." DA, 26 (1965), 367-68 (Ill.)

Ghiano, Juan Carlos. Teatro gauchesco primitivo. BA, Losange,
    1957.

Laguado, Arturo. "El gaucho en la escena argentina." BCB, 10
    (1967), 629-35.

Leumann, Carlos Alberto. La literatura gauchesca y la poesía
    gaucha. BA, Raigal, 1953.

Lichtblau, Myron I. "Formation of the gaucho novel in Argentina."
    Hisp, 41 (1958), 294-99.

Meregalli, Franco. Il gaucho nella letteratura. Venezia, Libreria
    Universitaria, 1960.

Morley, Sylvanus G. "La novelística del cowboy y la del gaucho."
    RI, 7 (1944), 255-70.

Murgía, Theodor Infante. "The evolution of the gaucho in literature."
    DA, 22 (1961), 1630 (Wash.).

Nichols, Madeline Wallis. The gaucho, cattle hunter, cavalryman, ideal of romance. Durham, N. C., Duke University Press, 1942. Also as El gaucho, el cazador de ganado, el jinete, un ideal de novela. BA, Peuser, 1953.

Oviedo, Jesús J. La literatura gauchesca dentro de la literatura argentina. Unpublished thesis, Universidad Nacional Autónoma de México, 1934.

Rela, Walter. "El mito Santos Vega en el teatro del Río de la Plata." RdL, 4 (1959), 47-68.

Rela, Walter. El mito Santos Vega en el teatro del Río de La Plata; 3a ed. Montevideo, Ciudad Vieja, 1966.

Rojas Paz, Pablo. El canto en la llanura, meditaciones pampeanas. BA, Nova, 1955.

Sánchez Garrido, Amelia. "Documentación de peculiaridades lingüísticas rioplatenses en el teatro gauchesco primitivo." RevH, 1 (1961), 193-208.

Sánchez Garrido, Amelia. "Situación del teatro gauchesco en la historia del teatro argentino. I. Antecedentes." RULP, No. 14 (1961), 9-27; No. 15 (1961), 29-44.

Sánchez Reulet, Aníbal. "La 'poesía gauchesca' como fenómeno literario." RI, 27 (1961), 281-99.

Sansone de Martínez, Eneida. La imagen en la poesía gauchesca. Montevideo, Universidad Nacional de la República, Facultad de Humanidades y Ciencias, 1962.

Tinker, Edward Larocque. Los jinetes de las Américas y la literatura por ellos inspirada. BA, Kraft, 1952. Also as The horsemen of the Americas and the literature they inspired. NY, Hastings House, 1953.

Tri, Segundo. "Un ciclo gauchesco; cambio y permanencia." RULP, No. 16 (1962), 169-73.

Valbuena Briones, Angel J. "La poesía gauchesca." CA, No. 111 (1960), 236-60.

Williams Alzaga, Enrique. La pampa en la novela argentina. BA, Angel Estrada, 1955.

c.   Urban Themes (Tango-Lunfardo-Criollismo-Sainete-Arrabal-
     Compadrito)

Borges, Jorge Luis,   and Silvina Bullrich Palenque.   El
     compadrito, su destino, sus barrios, su música.   BA,
     Emecé, 1945.

Bossio, Jorge A.   Los cafés de Buenos Aires.   BA, Schapire,
     1968.

Carella, Tulio.   Tango, mito y esencia.   BA, Centro Editor de
     América Latina, 1966.

Casadevall, Domingo F.   Buenos Aires.   Arrabal, Sainete.   Tango.
     BA, Fabril, 1968.

Elliff, Osvaldo.   Introducción a la poesía rantifusa.   BA, Aga
     Taura, 1967.

Etchebarne, Miguel D.   La influencia del arrabal en la poesía
     culta argentina.   BA, G. Kraft, 1955.

Gallo Blas, Raúl.   Historia del sainete nacional.   BA, Quetzal,
     1958.

Gandolfi Herrero, Arístides [Alvaro Yunque].   La poesía dialectal
     porteño, versos rantes.   BA, A. Peña Lillo, 1961.

García Jiménez, Francisco.   Estampas de tango.   BA, Rodolfo
     Aloso, 1968.

García Velloso, Enrique.   "Los primeros dramas en los circos
     criollos."   CCT, No. 2 (1937), 39-91.   Also in BET,
     Nos. 22-23 (1948), 74-86.

González Castillo, José.   "El sainete, medio de expresión teatral
     argentino."   CCT, No. 5 (1937), 35-56.

Jones, Willis Knapp.   "El tema de la gringa en el drama rio-
     platense."   BET, No. 3 (1943), 29-35.

Lara, Tomás de, and Inés Leonilda Roncetti de Panti.   El tema
     del tango en la literatura argentina.   BA, Ediciones
     Culturales Argentinas, 1961.

Lewald, H. Ernest.   "An introduction to the literature of Buenos
     Aires and its inhabitants."   MLJ, 45 (1961), 161-64.

Martínez Cuitiño, Vicente.   El café de Los inmortales.   BA,
     G. Kraft, 1954.

Mazzei, Angel. La poesía de Buenos Aires. BA, Ciordia, 1962.

Milkewitz, Harry. Psicología del tango. Montevideo, Alfa, 1964.

Pérez Petit, Víctor. "Defensa del drama criollo." Nosotros,
     2a época, No. 16   (1937), 239-55.

Quesada, Ernesto. El "criollismo" en la literatura argentina.
     BA, Coni, 1902.

Rojas, Mario. "El verdadero Juan Moreira." BET, No. 2 (1943),
     5-13.

Rossi, Vicente. Cosas de negros; los orígenes del tango y otros
     aportes al folklore rioplatense... Córdoba, Beltrán y
     Rossi, 1926. Also, BA, Hachette, 1958.

Salas, Horacio. La poesía de Buenos Aires; ensayo y antología.
     BA, Pleamor, 1968.

Soler Cañas, Luis. Orígenes de la literatura lunfarda. BA, Siglo
     Veinte, 1965.

Timossi, Jorge. Poesía actual de Buenos Aires. La Habana,
     Casa de las Américas, 1969.

Vega, Carlos. "Los bailes criollos en el teatro nacional." CCT,
     No. 6 (1937), 61-79.

d. Other Regional Topics

Aramburu, Julio. "Salta y Jujuy: temas para nuestro teatro."
     CCT, No. 16 (1942), 63-76.

Arias, Abelardo. "La literatura de ficción en Mendoza."
     Comentario, No. 40 (1964), 35-39.

Bermúdez Franco, Antonio. "De lo regional a lo universal; im-
     presiones cuyanas para el teatro argentino." CCT, No. 16
     (1942), 81-100.

Bischoff, Efraín U. Tres siglos de teatro en Córdoba, 1600-1900.
     Córdoba, Universidad Nacional de Córdoba, Facultad de
     Filosofía y Humanidades, Instituto de Estudios Americanis-
     tas, 1961.

Carrizo, Juan Alfonso. "Los cantares tradicionales de La Rioja
     en su relación con el teatro." CCT, No. 17.

Curutchet, Juan Carlos. "Crónica de la fundación de la novela
    cordobesa." CHA, No. 215 (1967), 405-10.

García Brugos, Manuel. Cincuenta años de vida literaria y
    artística en Mar del Plata. BA, Plus Ultra, 1965.

Gatica de Montiveros, María Delia. Examen de la poesía puntana
    actual. San Luis, Universidad Nacional de Cuyo, Facultad
    de Ciencias de La Educación, 1951.

Gudiño Kramer, Luis. Escritores y plásticos del litoral. Santa
    Fe, Castellví, 1955.

Lagmanovich, David. "El norte argentino: una realidad literaria."
    USF, No. 69 (1966), 117-40.

Lizondo Borda, Manuel. "Temas del norte para el teatro ar-
    gentino." CCT, No. 16 (1942), 13-24.

Loudet, Enrique. Letras argentinas en las Antillas... Ciudad
    Trujillo, Imprenta de la Marina de la Guerra, 1957.

Priegue, Celia Nancy. Bahía Blanca en la literatura. Bahía
    Blanca, Universidad Nacional del Sur, Extensión Cultural,
    1962.

Roig, Arturo Andrés. Ensayo bibliográfico sobre el despertar
    literario de una provincia argentina. Mendoza,
    D'Accurzio, 1963.

e.   Jewish and Other Immigrants (Gringos)

Bonet, Carmelo M. El gringo en la literatura rioplatense. BA,
    Coni, 1948.

Levy, Matilde. El extranjero en el teatro primitivo de Buenos
    Aires, antecedentes hasta 1880. BA, Universidad de
    Buenos Aires, Facultad de Filosofía y Letras, 1962.

Onega, Gladys Susana. La inmigración en la literatura argentina,
    1880-1910. Santa Fe, Universidad Nacional del Litoral, Facul-
    tad de Filosofía y Letras, 1965. Also, BA, Galerna, 1969.

Pinto, Juan. "El inmigrante en nuestro teatro." USF, No. 59
    (1964), 41-62.

Ralesky, Arminda. "La colonización judía en la República a
    través de su literatura." Davar, No. 102 (1964), 131-37.

Schallman, Lázaro.   "El judaísmo y los judíos a través de las
    letras argentinas."   Comentario,   No. 48 (1966), 113-24.
Schallman, Lázaro.   "El tema judío en la poesía argentina."
    Comentario,   No. 38 (1964), 72-79.
Winter, Calvert J.   "Some Jewish writers of the Argentine."
    Hisp, 19 (1936), 431-36.

f. Foreign Influences

Arrieta, Rafael Alberto.   La literatura argentina y sus vínculos
    con España.   BA, Institución Cultural Española, 1957.
Battistessa, Angel J.   "Dante y las generaciones argentinas."
    BAAL, Nos. 115-16 (1965), 7-27.
Biocca, H. J.   Una imagen de la Argentina en el siglo XIX
    francés.   Bahía Blanca, Cuadernos del Sur, 1963.
Cahn, Alfredo.   "Deutsches Schrifttum im argentinischen
    Geistesleben."   MIA, 12 (1962), 304-308.
Carilla, Emilio.   "Shakespeare en la Argentina."   HumT, No. 18
    (1965), 33-81.
Carrizo, Juan Alfonso.   Antecedentes hispano-medioevales de la
    poesía tradicional argentina.   BA, Estudios Hispánicos,
    1945.
Conte-Grand, Juan.   Españoles y argentinos.   San Juan, Arg.,
    1962.
Gandía, Enrique de.   "El contrato social de Rousseau estudiado
    en Buenos Aires desde el 1793."   ND, 36, 3 (1956), 12-16.
La Plata.   Universidad Nacional.   Facultad de Humanidades y
    Ciencias de la Educación.   Departamento de Letras.
    Instituto de Literaturas Extranjeras.   Shakespeare en la
    Argentina...   La Plata, 1966.
Lappas, Alcibíades.   "Influences helénicas en la literatura
    argentina."   Davar, No. 111 (1966), 34-58.
Urquiza, Juan J. de.   El Cervantes en la historia del teatro
    argentino.   BA, Ediciones Culturales Argentinas, 1968.

g.   Literary Criticism in Argentina

Beltrán, Oscar R.   "Nuestra crítica teatral." ATA, No. 2 (1925-
        26), 171-77.

Giusti, Roberto F.   "La crítica literaria en la Argentina."
        Nosotros, No. 283 (1932), 249-304.

Melián Lafinur, Alvaro.   "La crítica en la Argentina." Nosotros,
        Nos. 219-220 (1927), 100-10.

Passafari de Gutiérrez, Clara.   "La crítica impresionista." La
        diligencia, No. 15 (1964), 63-80.

Rosario.   Universidad Nacional del Litoral.   Facultad de
        Filosofía y Letras.   Encuesta: la crítica literaria en la
        Argentina.   Rosario, 1963.

Wapnir, Salomón.   La crítica literaria argentina.   BA, Acanto,
        1956.

h.   Literary Reviews and Societies

Fernández Moreno, César.   "Las revistas literarias en la Ar-
        gentina." RHM, 29 (1963), 46-54.

Ibarguren, Carlos.   Las sociedades literarias y la revolución
        argentina (1800-1825).   BA, Espasa-Calpe Argentina, 1937.

Lafleur, Héctor René, et al.   Las revistas literarias argentinas 1893-
        1967; edición corregida y aumentada.   BA, Centro Editor de
        América Latina, 1968.

Salvador, Nélida.   Revistas argentinas de vanguardia, 1920-1930.
        BA, Universidad de Buenos Aires, Facultad de Filosofía
        y Letras, 1962.

Salvador, Nélida.   "Las revistas de una época literaria: 'Florida-
        Boedo'." Testigo, No. 3 (1966), 40-44.

Salvador, Nélida.   "Revistas literarias argentinas, 1893-1940."
        BADAL, No. 9 (1961), 47-115.

Sociedades literarias argentinas.   La Plata, Universidad Nacional
        de La Plata, Facultad de Humanidades y Ciencias de la
        Educación, 1968.

i. Philosophical Currents in Argentina

Coviello, Alfredo. Geografía intelectual de la República Argentina.
     Tucumán, Grupo Septentrión, 1941.
Giusti, Roberto F. "Los intelectuales bajo el peronismo. " CCLC,
     No. 16 (1956), 17-21.
Montserrat, Santiago. Sentido y misión del pensamiento argentino.
     Córdoba, Universidad Nacional de Córdoba, Dirección
     General de Publicaciones, 1963.
Rodó, José Enrique. La tradición intelectual argentina. BA, A.
     Estrada, 1939.
Stabb, Martin S. "Argentina's quest for identity. " In In quest of
     identity (Chapel Hill, University of North Carolina Press,
     1967), 146-81.
Torchia Estrada, Juan Carlos. La filosofía en la Argentina.
     Washington, D. C. , Pan American Union, 1961.
Waismann, Abraham. "Correnti spirituali nell'Argentina d'oggi. "
     Filosofía, 17 (1966), 75-91.

j. Literature, Politics and Sociology

Bloch, Jean Richard. Sociología y destino del teatro. BA, Siglo
     XX, 1957.
Castagnino, Raúl H. Sociología del teatro argentino. BA, Nova,
     1963.
Cunill Cabanellas, Antonio. Función social del teatro. Santa Fe,
     Universidad Nacional del Litoral, Instituto Social, 1939.
Gandolfi Herrero, Arístides [Alvaro Yunque]. La literatura social
     en la Argentina. BA, Claridad, 1941.
Gandolfi Herrero, Arístides [Alvaro Yunque]. Poetas sociales de
     la Argentina (1810-1943). BA, Problemas, 1943.
Hernández Arregui, Juan José. Imperialismo y cultura; la
     política en la inteligencia argentina. BA, Amerindia, 1957.
Hinterhäuser, Hans. "Der politische Roman in der argentinischen
     Romantik. " RJ, 13 (1962), 329-43.

Prieto, Adolfo.   Sociología del público argentino.   BA, Leviatán,
     1956.

Viñas, David.   Literatura argentina y realidad política.   BA,
     Jorge Alvarez, 1964.

Part IV

Argentine Literary Figures

1. ABELLA CAPRILE, Margarita (1901-1960)

Cruz, Jorge. "Perfil de Margarita Abella Caprile." CI, 1, 4
     (1966), 98-103.
Dantas Lacombe, M. Margarita Abella Caprile; su obra poética.
     BA, Club Argentino de Mujeres, 1932.
Giusti, Roberto F. "Letras argentinas: la protesta de las
     mujeres." Nosotros, 2a época, No. 10 (1937), 87-93.
González Ruano, César. "Margarita Abella Caprile." In
     Literatura americana; ensayos de madrigal y de crítica...
     (Madrid, Fernando Fe, 1924), I, 89-94.
Vergara de Bietti, Noemí. "La poesía de Margarita Abella
     Caprile." USF, No. 53 (1962), 113-26.

2. ALVAREZ, José Sixto (1858-1903) "Fray Mocho"

Ara, Guillermo. Fray Mocho: estudio y antología. BA,
     Ediciones Culturales Argentinas, 1963.
Blasi, Alberto Oscar. "Fray Mocho y su versión narrativa de la
     transición finisecular." RevE, 5 (1960), 256-66.
Giusti, Roberto F. "Fray Mocho." CyC, (1953), 231-34.
Marín, Marta. Fray Mocho. BA, Centro Editor de América
     Latina, 1967.
Morales, Ernesto. Fray Mocho. BA, Emecé, 1953.
Rojas, Ricardo. "La obra de Fray Mocho." In Cosmópolis
     (Paris, Garnier, 1909), 81-92.
Romay, Francisco. "Fray Mocho y las Memorias de un vigilante."
     Tellus, (Nov., 1948), 63-70.

3. ANDERSON IMBERT, Enrique (1910-   )

Campos, Jorge. "El mundo sobrenatural de Anderson Imbert."
     Insula, No. 184, (1962), 11.
Campos, Jorge. "Vieja y nueva mitología: Alfonso Reyes y
     Anderson Imbert." Insula, No. 233 (1965), 11.
Marcilese, Mario. "El escritor hispanoamericano, en vivo, En-
     rique Anderson Imbert." UA, No. 161 (1965), 21-28.

Pagés Larraya, Antonio. "Letras argentinas: el grimorio de
Enrique Anderson Imbert." Ficción, No. 40 (1962), 59-61.

Ruiz, Isabel C., "Anderson Imbert, autor de ficciones." RLAI,
3 (1961), 55-70.

Zuleta Alvarez, Enrique. "La expresión argentina en los ensayos
de Anderson Imbert y Carmen Gandara." La biblioteca,
9, 5 (1961), 79-94.

4. ANDRADE, Olegario Víctor (1839-1882)

Burzio Blas, F. A. La obra poética de Olegario Víctor Andrade.
BA, 1915.

Cúneo, Dardo. "Olegario V. Andrade y la oligarquía porteña."
CA, No. 142 (1965), 190-201.

Larrain, Jacob. Ensayo crítico sobre las obras poéticas de
Olegario V. Andrade. La Plata, Ilustración Nacional,
1889.

Martínez Estrada, Ezequiel. "Andrade." RNC, No. 139 (1960),
146-57.

Robles T. de Campiotti, María Esther. "Olegario V. Andrade;
su visión poética." RIL, 4, 4 (1962), 97-105.

Sagarna, Antonio. Homenaje a Olegario V. Andrade. BA,
Ministerio de Justicia e Instrucción Pública, 1924.

Vázquez Cey, Arturo. "La poesía de Olegario Andrade y su
época." HumLP, 15 (1927), 215-36.

5. ARLT, Roberto (1900-1942)

Arlt, Mirta. "Roberto Arlt y la orfandad de Dios." Estudios,
No. 585 (1967), 397-99.

Barufalde, Rogelio. "Los fantasmas de Roberto Arlt." Crítica,
Nos. 11-12 (1965), 14-20.

Becco, Horacio Jorge, and Oscar Masotta. Roberto Arlt. BA,
Universidad Nacional de Buenos Aires, Facultad de
Filosofía y Letras, 1959.

Castagnino, Raúl H. El teatro de Roberto Arlt. La Plata, Universidad Nacional de La Plata, Facultad de Humanidades

y Ciencias de la Educación, 1964.

Castellanos, Carmelina. Tres nombres en la novela argentina.
Santa Fe, Colmegna, 1967.

Corelli, Albino D. , "El pensamiento rebelde de Roberto Arlt."
USF, No. 70 (1967), 49-60.

Etchenique, Nira. Roberto Arlt. BA, La Mandrágora, 1962.

G. , J. C. "Letras argentinas: mito y realidad de Roberto Arlt."
Ficción, No. 17 (1959), 96-100.

Ghiano, Juan Carlos. "Personajes de Roberto Arlt." In Temas
y aptitudes (BA, Ollantay, 1949), 47-54.

Giordano, Jaime. "Roberto Arlt o la metafísica del siervo."
Atenea, 45 (1968), 73-104.

Masotta, Oscar. Sexo y traición en Roberto Arlt. BA, J.
Alvarez, 1965.

Pérez Martín, Norma. "Angustia metafísica en la obra de
Roberto Arlt." USF, No. 53 (1962), 41-57.

Prieto, Adolfo. "La fantasía y lo fantástico en Roberto Arlt."
BLH, 5 (1963), 5-18.

6.   ARRIETA, Rafael Alberto (1889-   )

Bietti, Oscar, "Rafael Alberto Arrieta." Nosotros, 2a época,
No. 83 (1943), 165-72.

"Bio-bibliografía de don Rafael Arrieta." BAAL, 3 (1935), 363-63.

Díez-Canedo, Enrique. "Rafael Alberto Arrieta." In Letras de
América (México, El Colegio de México, 1944), 349-54.

Moseley, William W. The poetry of Rafael Alberto Arrieta. Unpublished Masters Thesis, Univ. of New Mexico, 1950.

7.   ASCASUBI, Hilario (1807-1875)

García Jiménez, Francisco. "Lenguaje y estilo: el vocabulario de
un poema gauchesco." RevE, 3 (1958), 523-36.

Mujica Láinez, Manuel. Vida de Aniceto el Gallo (Hilario
Ascasubi). BA, Emecé, 1943.

Rodríguez Molas, Ricardo. "Contribución a la bibliografía de
Hilario Ascasubi (1807-1875)." BADAL, No. 12 (1961), 53-84.

Tiscornia, Eleuterio P. Poetas gauchescos: Hidalgo, Ascasubi, del Campo. BA, Losada, 1940.

8. BANCHS, Enrique (1888-)

Anderson Imbert, Enrique. "Dos metáforas de tigres." Sur, Nos. 215-216 (1952), 117.

Arístides, Julio. "Una valoración de Enrique Banchs." Comentario, No. 44 (1965), 68-72.

Battistessa, Angel J. "Enrique Banchs." In Dos poetas argentinos... (BA, Municipalidad de la Ciudad de Buenos Aires, 1945), 7-24.

Davison, Ned. "A renaissance sonnet of Enrique Banchs." RomN, 2 (1960), 23-26.

Dondo, Osvaldo Horacio. "El lirismo de Banchs y el canto de la cigarra." RevE, 2a época, 3, (1958), 575-79.

Fernández, Belisario. "Bibliografía de Enrique Banchs." BADAL, No. 7 (1960), 55-99.

Fernández, Belisario. "Enrique Banchs, Luis Poello Jurado y una amistad epistolar." USF, No. 63 (1965), 151-57.

Fernández Moreno, César. "Tiempo, lugar y Enrique Banchs." BLA, 1, 1 (1964), 9-27.

Gicovate, Bernardo. "Sobre el soneto de Enrique Banchs." RHM, 27 (1961), 120-27.

Giusti, Roberto F. "Discurso... en la recepción de don Enrique Banchs." BAAL, No. 35 (1941), 385-418.

Giusti, Roberto F. "Dos poetas: Enrique Banchs y Ernesto Mario Barreda." Nosotros, No. 33 (1911), 296-307.

Giusti, Roberto F. "Enrique Banchs." Atlántida, No. 16 (1912), 22-35.

González Lanuza, Eduardo. "Poesía y silencio de Enrique Banchs." Sur, No. 177 (1949), 67-73.

Más y Pi, Juan. "Enrique Banchs, 'El libro de los elogios'." Nosotros, Nos. 16-17 (1908), 294-307.

Mazzei, Angel. Estudios de poesía: Dos sonetos de Banchs. El tema del día domingo. BA, Ciordia, 1964.

Mazzei, Angel. El modernismo en la Argentina: Enrique
    Banchs... BA, Ciordia & Rodríguez, 1950.
Rossler, Osvaldo. "Banchs o el silencio inevitable." CI, 2, 6
    (1966), 94-98.
Vedia, Leonidas de. Enrique Banchs. BA, Ediciones Culturales
    Argentinas, 1964.

9. BERNARDEZ, Francisco Luis (1900-   )

Alonso Gamo, J. M. Tres poetas argentinos: Marechal, Molinari,
    Bernárdez. Madrid, Ediciones Cultura Hispánica, 1951.
Barufaldi, Rogelio. Francisco Luis Bernárdez. BA, Ediciones
    Culturales Argentinas, 1963.
Bratosevich, Nicolás. "Sobre el estilo de Francisco Luis
    Bernárdez." Filología, 9 (1963), 1-36.
Echeverri Mejía, Oscar. "Francisco Luis Bernárdez o la
    renovación dentro de lo clásico." Arco, No. 69 (1966),
    485-66.
Fuentes, Pedro Miguel. "Un nuevo libro de Francisco Luis
    Bernárdez." Estudios, No. 441 (1949), 444-52.
Ghiano, Juan Carlos. "Poemas elementales de Francisco
    Bernárdez." In Temas y aptitudes (BA, Ollantay, 1949),
    63-73.
Giusti, Roberto F. "[Sobre El buque]." Nosotros, 2a época,
    No. 2 (1936), 196-203.
González Lanuza, Eduardo. "Francisco Luis Bernárdez: Poemas
    elementales." Sur, No. 93 (1942), 57-62.
Jozef, Bella. "O renascentismo de Francisco Luis Bernárdez."
    Kriterion, 12 (1959), 133-44.
Lacanuza, Angélica Beatriz. Bibliografía de Francisco Luis
    Bernárdez. BA, Universidad de Buenos Aires, Facultad
    de Filosofía y Letras, Instituto de Literatura Argentina
    Ricardo Rojas, 1962.
Lacanuza, Angélica Beatriz. "Consideraciones estilísticas sobre
    Bernárdez y el ultraísmo através del 'Alcándara'."
    Buenos Aires, 2 (1962), 207-14.

Lacanuza, Angélica Beatriz.   Francisco Luis Bernárdez y el
    vanguardismo.   BA, Universidad de Buenos Aires, Facultad
    de Filosofía y Letras, 1963.

Lacanuza, Angélica Beatriz.   La obra poética de Francisco Luis
    Bernárdez a través de cuatro momentos de la poesía ar-
    gentina contemporánea.   BA, Huemul, 1964.

Zía, Lizardo.   "La lírica amorosa de Bernárdez."   Sur, No. 52
    (1939), 70-74.

10. BORGES, Jorge Luis (1899-   )

Aguirre, J. M.   "La solución a la adivinanza propuesta por Jorge
    Luis Borges."   BHS, 42 (1965), 174-81.

Alazraki, Jaime.   "Borges y el problema del estilo."   RHM, 33
    (1967), 204-15.

Alazraki, Jaime.   "Las figuras de contigüedad en la prosa narra-
    tiva de Borges."   RI, 34 (1968), 45-66.

Alazraki, Jaime.   La prosa narrativa de Jorge Luis Borges.
    Madrid, Gredos, 1968.

Alonso, Amado.   "Borges, narrador."   Sur, No. 14 (1935), 105-15.
    Also as Materia y forma en la poesía (Madrid, Gredos,
    1955), 434-49.

Anderson Imbert, Enrique.   "Un cuento de Borges: 'La casa de
    Asterión'."   RI, 25 (1960), 33-43.   Also in Crítica interna
    (Madrid, Taurus, 1960), 247-59.

Anderson Imbert, Enrique.   "Nueva contribución al estudio de las
    fuentes de Borges."   Filología, 8 (1962), 7-13.

Arfini, Alfredo.   Borges, pobre ciego balbuciente.   Rosario, Ruiz,
    1968.

Ayora, George.   A study of time in the essays and short stories
    of Jorge Luis Borges.   Unpublished Ph. D. dissertation,
    Vanderbilt University, 1969.

Azancot, Leopoldo.   "Borges y Kafka."   Indice, No. 170 (1963), 6.

Azancot, Leopoldo.   "Justificación de Borges."   Indice, No. 170
    (1963), 6.

Bagby, Albert I., II. "The concept of time in Jorge Luis Borges."
    RomN, 6 (1965), 99-105.

Barrenechea, Ana M. "Borges y el lenguaje." NRFH, 7
    (1953), 551-59.

Barrenechea, Ana M. La expresión de la irrealidad en la obra
    de Jorge Luis Borges. México, Colegio de México, 1957.
    Also as Borges the labyrinth maker. NY, New York
    University Press, 1965.

Barrenechea, Ana M. "Una ficción de Jorge Luis Borges."
    RUM, 8, 12 (1954), 15, 20.

Barrenechea, Ana M. "El infinito en la obra de Jorge Luis
    Borges." NRFH, 10 (1956), 13-35.

Barrenechea, Ana M. "El tiempo y la eternidad en la obra de
    Borges." RHM, 23 (1957), 28-41.

Bazahone Aguayo, Rosaura. "Las ruinas circulares." AyL, 5
    (1962), 46-55.

Bénichou, Paul. "Kublain Khan, Coleridge y Borges." Sur,
    No. 236 (1955), 57-61.

Bénichou, Paul. "Le monde de José [sic!] Luis Borges."
    Critique, Nos. 63-64 (1952), 675-87.

Bénichou, Paul. "Le monde et l'esprit chez Jorge Luis Borges."
    LetN, No. 21 (1954), 680-90.

Benoist, Jean Marie. "Le jeu de J. L. Borges." Critique, 24
    (1968), 654-73.

Bienek, Horst. "Biographie eines Dichters." Merkur, 18 (1964),
    242-46.

Blanco Amores de Pagella, Angela. "Los temas esenciales en la
    poesía de Borges." CyC, No. 288 (1960), 134-47.

Blanco-González, Manuel. Jorge Luis Borges, anotaciones sobre
    el tiempo en su obra. México, De Andrea, 1963.

Borello, Rodolfo, A. "Estructura de la prosa de Jorge L. Borges."
    CHA, No. 165 (1963), 485-94. Also in, Actas del Primer
    Congreso Internacional de Hispanistas... (Oxford, Dolphin,
    1962), 11-16.

Botsford, Keith. "About Borges and not about Borges." KR, 26
    (1964), 723-37.

Botsford, Keith. "A arte mágica de Borges." CadB, No. 29
    (1965), 28-38.

Botsford, Keith. "Sobre y al margen de Jorge Luis Borges."
    RML, 5-6 (1964), 43-61.

Campos, Jorge. "Las ficciones de Borges." Insula, No. 175
    (1962), 11.

Cansinos-Assens, Rafael. "S   e Borges en España: impresión de
    un viaje." Indice, ˙.o ˙70 (1963), 5.

Cantarino, Vicente. "Nota ᵤobre las influencias árabes en
    Borges." Hisp, 52 (1969), 53-55.

Canto, Estela. "Jorge Luis Borges." Sur, No. 180 (1949), 93-98.

Capasso, Magdalena. "Un motivo sentimentale nella poesia de
    Jorge Luis Borges." In Studi... in onore de Bruno
    Revel (Firenze, Olschki, 1965), 129-33.

Capdevila, Arturo. "Discurso... en la recepción acadèmica de
    don J. L. Borges." BAAL, 28 (1962), 297-301.

Capsas, Cleon Wade. "The poetry of Jorge Luis Borges." DA,
    25 (1965), 4697 (N. M.).

Carilla, Emilio. "Un cuento de Borges." In Studia Philologica...
    (Madrid, Gredos, 1960-61), I, 295-306. Also in Estudios
    de literatura argentina (siglo XX) (Tucumán, Universidad
    Nacional de Tucumán, Facultad de Filosofía y Letras,
    1961), 21-32.

Carilla, Emilio. "Un poema de Borges." RHM, 29 (1963), 32-45.

Carlos, Alberto J., "Dante y El Aleph de Borges." DHR, 5 (1966),
    35-50.

Carpeaux, Otto María. "O mundo fantástico de J. L. Borges."
    In Presenças (Rio de Janeiro, Instituto Nacional do Livro,
    1958), 134-38.

Charbonnier, Georges. Entretiens avec Jorge Luis Borges. Paris,
    Gallimard, 1967.

Correia Pacheco, Armando. "J. L. Borges, escritor universal de
    América." RULP, No. 16 (1962), 184-88.

Corvalán, Octavio. "Presencia de Buenos Aires en 'La muerte y
    la brújula' de Jorge Luis Borges." RI, 28 (1963), 359-63.

Cro, Stelio. "Borges y Dante." LI, 20 (1968), 403-10.

Cro, Stelio. "Jorge Luis Borges e Miguel de Unamuno." ACF, 6
    (1967), 81-90.

Dauster, Frank. "Notes on Borges' Labyrinths." HR, 30 (1962),
    142-48.

Debicki, Andrew P., "Notas sobre la ironía en algunos poemas de
    Borges." DHR, 3 (1964), 49-56.

"Desagravio a Borges." Sur, No. 94 (1942), 7-34.

Doreste, Ventura. "Análisis de Borges." RO, 2a época, 16 (1967),
    50-62.

Durán, Manuel. "Los dos Borges." PyH, 2a época, No. 27 (1963),
    417-23.

Enguídanos, Miguel. "El criollismo de Borges." PSA, No. 33
    (1964), 17-32.

Enguídanos, Miguel. "Imaginación y evasión en los cuentos de
    Jorge Luis Borges." PSA, No. 30 (1958), 233-51. Also
    as "Imagination and escape in the short stories of Jorge
    Luis Borges." TQ, 4, 4 (1961), 118-27.

Enguídanos, Miguel. "Introducción a El hacedor." Sur, No. 285
    (1963), 86-91.

Estrella Gutiérrez, Fermín. "Borges." RNC, No. 181 (1967),
    54-59.

Fernández Moreno, César. Esquema de Borges. BA, Perrot,
    1957.

Ferrer, Manuel. "Borges y la nada." DA, 28 (1968), 5051A
    (Wis.)

Foster, David William. "Borges and disreality: an introduction
    to his poetry." Hisp, 45 (1962), 625-29.

Foster, David William. "Borges' El Aleph: some thematic con-
    siderations." Hisp, 47 (1964), 56-59.

García Ponce, Juan. "¿Quién es Borges?" RML, 5-6 (1964),
    23-42.

Genovés, Antonio. "Algunos aspectos del realismo mágico de
    Borges." CHA, No. 168 (1963), 571-80.

Gertel, Zunilda. "Jorge Luis Borges y su retorno a la poesía."
DA, 28 (1967), 229A (Iowa).

Gertel, Zunilda. "La metáfora en la estética de Borges." Hisp,
52 (1969), 33-38.

Ghiano, Juan Carlos. "Borges, antólogo de sí mismo." RI, 29
(1963), 67-87.

Ghiano, Juan Carlos. "Borges y la poesía..." CA, No. 85 (1956),
222-50.

Gómez Bedate, Pilar. "Sobre Borges." CHA, No. 163-64 (1963),
268-76.

Gómez Lance, Betty Rita. "Acerca de Jorge Luis Borges." ND,
34, 4 (1958), 60-62.

Guerra-Castellanos, Eduardo. "Un análisis de tiempo y espacio
en la producción de Jorge Luis Borges." AyL, 2a época,
5, 1-2 (1962), 56-62.

Gullón, Ricardo. "Borges y su laberinto." Insula, No. 175 (1962),
1.

Gutiérrez Girardot, Rafael. "Jorge Luis Borges." Merkur, 15
(1961), 171-78.

Gutiérrez Girardot, Rafael. Jorge Luis Borges: ensayo de interpretación. Madrid, Insula, 1959.

Hart, Thomas R., Jr., "The literary criticism of Jorge Luis
Borges." MLN, 78 (1963), 489-503.

Heissenbüttel, Helmut. "Parabeln und Legenden." NDH, No. 68
(1960), 1156-57.

Himelblau, Jack. "El arte de Jorge Luis Borges visto en su 'El
jardín de senderos que se bifurcan'." RHM, 32 (1966),
37-42.

Irby, James E. "Sobre la estructura de Hombre de la esquina
rosada de Jorge Luis Borges." AF, 1 (1962), 157-72.

Irby, James E. "The structure of the stories of Jorge Luis
Borges." DA, 23 (1963), 3377 (Mich.).

Jaén, Didier T. "Borges y Whitman." Hisp, 60 (1967), 49-53.

Janssens, Marcel. "Jorge Luis Borges en de bibliotheek von
Babel." DWB, 113 (1968), 216-20.

76 Argentine Literature

Jurado, Alicia. "Borges y el cuento fantástico." Ciudad, Nos. 2-3 (1955), 45-49.

Jurado, Alicia. Genio y figura de Jorge Luis Borges. BA, EUDEBA, 1964.

Kesting, Marianne. "Das hermetische Labyrinth: zur Dichtung von Jorge Luis Borges." NDH, No. 107 (1965), 107-24.

Kockelkorn, Anke. Methodik einer Faszination; Quellenkritische Untersuchungen zum Prosawerk von Jorge Luis Borges. Berlin, Druckstelle der Ernst-Reuter-Gesellschaft, 1965.

Leal, Luis. "Los cuentos de Borges." PyH, 2a época, No. 27 (1963), 425-36.

Lefebre, Maurice Jean. "La jolie Tristan ou une esthêtique de l'infini." NRF, No. 67 (1958), 102-106.

Lewald, H. Ernest. "The labyrinth of time and place in two stories by Borges." Hisp, 45 (1963), 630-36.

Lida de Malkiel, María Rosa. "Contribución al estudio de las fuentes de Jorge Luis Borges." Sur, Nos. 313-14 (1952), 50-57.

Lima, Robert. "Internal evidence on the creativity of Borges." REH, 1, 2 (1967), 3-30.

Liscano, Juan. "Experiencia borgiana." RNC, No. 161 (1963), 71-90.

Lorenz, Erika. "Form und Zeit im Werk des Argentiniers Jorge Luis Borges." NS, 16 (1967), 471-84.

Lucio, Nosier, and Lydia Revello. "Contribución a la bibliografía de Jorge Luis Borges." BADAL, Nos. 10-11 (1961), 45-111.

Macherey, Pierre. "Borges et le rêcit fictif." TM, No. 236 (1966), 1309-16.

Man, Paul de. "Un maestro moderno: Jorge Luis Borges." Asomante, 21, 2 (1945), 14-21.

Marissel, Andrê. "L'univers de Jorge Luis Borges." CS, Nos. 378-79 (1964), 115-24. Also Preuves, No. 102 (1964), 91-92.

Merivale, Patricia. "The flaunting of artifice in Vladimir Nobokov and Jorge Luis Borges." WSCL, 8 (1967), 294-309.

Montgomery, Thomas. "Don Juan Manuel's tale of Don Illán and
    its revision by Jorge Luis Borges." Hisp, 47 (1964),
    464-66.

Morello-Frosch, Marta E. "Elementos populares en la poesía
    de Jorge Luis Borges." Asomante, 18, 3 (1962), 26-35.

Mosquera, Marta. "De Borges a Borges el memorioso."
    Política, No. 45 (1965), 89-93.

Murillo, L. A. The cyclical night, irony in James Joyce and
    Jorge Luis Borges. Cambridge, Harvard University Press,
    1968.

Murillo, L. A. , "The Labyrinths of Jorge Luis Borges: an intro-
    duction to the stories of The Aleph." MLQ, 20 (1959),
    259-66.

Navarro, Joaquina. "Jorge Luis Borges: taumaturgo de la
    metáfora." RHM, 31 (1965), 337-44.

Niedermayer, Franz, "Jorge Luis Borges: eine Betrachtung
    seiner Lyrik im Rahmen des Gesamtwerkes." LJGG, 7
    (1966), 233-61.

Núñez, Antonio. "El perfil humano de Jorge Luis Borges."
    Insula, No. 195 (1963), 5.

Obligado, Alberto, and César Fernández Moreno. "Entrevista con
    Jorge Luis Borges." CHA, No. 201 (1966), 729-44.

Ocampo, Victoria. "Visión de Jorge Luis Borges." CCLC,
    No. 55 (1961), 17-23.

Pacheco, José Emilio. "36 años en la poesía." Indice, Nos. 150-
    51 (1961), 7.

Percas, Helena. "Algunas observaciones sobre la lengua de
    Borges." RI, 23 (1958), 121-28.

Pérez Gallego, Cándido. "Borges, o la erudición como fantasía."
    RIn, Nos. 103-104 (1966), 107-19.

Pérez Gallego, Cándido. "El descubrimiento de la realidad en
    'El Aleph', de Jorge Luis Borges." CHA, No. 24 (1967),
    186-93.

Pezzoni, Enrique. "Aproximación al último libro de Borges."
    Sur, Nos. 217-18 (1952), 101-23.

Pfeiffer, Jean. "Les miroirs abominables de Jorge Luis Borges." NRF, 15 (1967), 499-508.

Phillips, Allen W. "Borges y su concepto de la metáfora." In Estudios y notas sobre la literatura hispanoamericana. (México, Biblioteca del Nuevo Mundo, 1965), 177-85.

Phillips, Allen W. "Notas sobre Borges y la crítica reciente." RI, 22 (1957), 41-59.

Phillips, Allen W. "'El sur' de Borges." RHM, 29 (1963), 140-47.

Prieto, Adolfo. Borges y la nueva generación. BA. Letras Universitarias, 1954.

Rêda, Jacques. "Commentaire de l'Immortel de Jorges Luis Borges." CS, No. 370 (1962), 435-55.

Rêda, Jacques. "L'Herne: Jorge Borges." CS, Nos. 378-79 (1964), 155-57.

Revol, A. L. "Aproximación a la obra de Jorge Luis Borges." CCLC, No. 5 (1954), 20-28.

Reyes Baena, Juan Francisco. "A su paso por París, cuatro intelectuales de América Latina." CU, No. 88 (1965), 18-27.

Ríos Patrón, José Luis. "Bibliografía de Jorge Luis Borges." Ciudad, Nos. 2-3 (1955), 56-62.

Ríos Patrón, José Luis. Jorge Luis Borges. BA, La Mandrágora, 1955.

Robb, James Willis. "Borges y Reyes: una relación epistolar." HumM, 8 (1967), 257-70.

Rodríguez Monegal, Emir. "Borges entre Escila y Caribdis." In El juicio de los parricidas (BA, Deucalión, 1956), 55-79.

Rodríguez Monegal, Emir. "Borges: teoría y práctica." Número, No. 27 (1955), 124-57.

Rodríguez Monegal, Emir. "J. L. Borges y la literatura fantástica." In Narradores de esta América (Montevideo, Alfa, 1963), 81-96.

Rodríguez Monegal, Emir. "Macedonio Fernández, Borges, y el ultraísmo." Número, No. 19 (1952), 171-83.

Roux, Dominique, and Jean de Milleret. Jorge Luis Borges. Paris, L'Herne, 1964.

Running, Thorpe. "The problem of time in the work of Jorge
Luis Borges." Discourse, 9 (1966), 296-308.

Sábato, Ernesto. "Borges y Borges." RUM, 18, 5 (1964), 22-26.

Sábato, Ernesto. "Borges y el destino de nuestra ficción." In
El escritor y sus fantasmas (BA, Aguilar, 1964), 245-57.

Sábato, Ernesto. "Los dos Borges." Indice, Nos. 150-51 (1961),
6-7.

Sábato, Ernesto. "En torno a Borges." CAmer, Nos. 17-18
(1963), 7-12.

Sábato, Ernesto. "Los relatos de Jorge Luis Borges." Sur,
No. 125 (1945), 69-75.

Sánchez, Luis Alberto. "Jorge Luis Borges." ND, 42, 4 (1962),
44-52.

Santana, Lázaro. "La vida y la brújula." Insula, No. 258 (1968),
1, 4-5.

Serra, Edelweis. "La vida y la muerte, el tiempo y la eternidad
en la poesía de Jorge Luis Borges." USF, No. 58 (1963),
13-30.

Siebermann, Gustav. "J. L. Borges--ein neuer Typus des la-
teinamerikanischen Schrifsteller." GRM, neue folge, 16
(1966), 297-314.

Speratti Piñero, Emma S. Jorge Luis Borges. San Luis
Potosí, Instituto Potosino de Bellas Artes, 1959.

Spivakovsky, Erika. "In search of Arabic influences on Borges."
Hisp, 51 (1968), 223-31.

Stevens, Harriet S. "Infiernos de Borges." Insula, No. 199
(1963), 1, 13.

Sucre, Guillermo. Borges, el poeta. México, Universidad
Nacional Autónoma de México, 1967.

Sucre, Guillermo. "La palabra del universo." ZF, No. 27 (1965),
2-9.

Tamayo, Marial, and Adolfo Ruiz-Díaz. Borges, enigma y clave.
BA, Nuestro Tiempo, 1955.

Torre, Guillermo. "Para la prehistoria ultraísta de Borges."
Hisp, 47 (1964), 457-63. Also in CHA, No. 169 (1964),
5-15.

Van Praag-Chantraine, Jacqueline. "Jorge Luis Borges ou la
      mort au bout du labyrinthe." Synthèses, Nos. 236-37
      (1966), 117-26.

Videla, Gloria. "Poemas y prosas olvidadas [sic?] de Borges."
      RLAI, 3 (1961), 101-105.

Videla, Gloria. "Presencia americana en el ultraísmo español."
      RLAI, 3 (1961), 7-25.

Viry, Amé de. "Borges ou l'élément romanesque." NRF, 13
      (1965), 1069-79.

Vitier, Cintio. "En torno a la poesía de J. L. Borges."
      Orígenes, 2, 6 (1945), 33-42.

Wais, Kurt. "Anatomie der Melancholie über J. L. Borges."
      MIA, Nos. 2-3 (1961), 131-35.

Weber, Frances W. "Borges' stories: fiction and philosophy."
      HR, 36 (1968), 124-41.

Wheelock, Kinch Carter. "The mythmaker: a study of motif and sym-
      bol in the short stories of Jorge Luis Borges." DA, 27 (1966),
      489A (Texas). Also, Austin, Univ. of Texas Press, 1969.

Wolberg, Isaac. Jorge Luis Borges. BA, Ministero de Educación
      y Justicia, 1961.

Xirau, Ramón. "Borges y las refutaciones del tiempo." RML,
      5-6 (1964), 5-11.

Yurkievich, Saúl. "Borges, poeta circular." Caravelle, 10 (1968),
      33-47.

Zaniello, Thomas. "Outopia in Jorge Luis Borges' fiction."
      Extrapolation, 9 (1967), 3-17.

11.   CAMBACERES, Eugenio (1843-1888)

Beck, Phyllis Powers. "Eugenio Cambacérès: the vortex of con-
      troversy." Hisp, 46 (1963), 755-59.

Blanco Amores de Pagella, Angela. "La lengua en la obra de
      Eugenio Cambacérès." USF, No. 45 (1960), 97-115.

Blasi, Alberto Oscar. Los fundadores... BA, Ediciones Cul-
      turales Argentinas, 1962.

Guillén, Héctor E. "El realismo de Eugenio Cambacérès."
Nordeste, 5 (1963), 191-211.

Solero, F. J. "Eugenio Cambacérès y la novela argentina."
Ficción, No. 3 (1956), 105-24.

Uhlír, Kamil. "Cuatro problemas fundamentales en la obra de
Eugenio Cambacérès." PP, 6 (1963), 225-45.

12. CAMPO, Estanislao del (1834-1880)

Anderson Imbert, Enrique. Análisis del Fausto. BA, Centro
Editor de América Latina, 1968.

Anderson Imbert, Enrique. "Formas del Fausto." RI, 32
(1966), 9-21.

Ayestrán, Lauro. "La primera edición uruguaya del Fausto de
Estanislao del Campo." RIL, 1, 1 (1959), 9-20.

Battistessa, Angel J. "Génesis periodística del Fausto." AIPC,
27 (1942), 309-21.

Benítez, Rubén. "Una posible fuente española del Fausto de
Estanislao del Campo." RI, 31 (1965), 151-71.

Mujica Láinez, Manuel. Vida de Anastasio el Pollo (Estanislao
del Campo). BA, Emecé, 1948.

Tiscornia, Eleuterio F. Poetas gauchescos: Hidalgo, Ascasubi,
del Campo. BA, Losada 1940.

13. CANE, Miguel (1851-1905)

Castagnino, Raúl H. Miguel Cané, cronista del 80. BA, 1956.

Giusti, Roberto F. "Miguel Cané: el escritor y el político."
Comentario, No. 11 (1956), 25-37.

Montero, Belisario J. Miguel Cané: impresiones y recuerdos (de
mi diario). BA, 1928.

Noé, Julio. "Miguel Cané: su ambiente--su obra." Nosotros,
No. 208 (1926), 5-19.

Ponce, Aníbal. "Miguel Cané." In La vejez de Sarmiento; 2a ed.
(BA, 1949), 215-32.

Sáenz Hayes, Ricardo. Miguel Cané y su tiempo, 1851-1905. BA,
G. Kraft, 1955.

Villarreal, Juan Manuel. "Semblanza de Miguel Cané." RULP,
No. 12 (1960), 57-69.

Weiss, Ignacio. "El culto a Italia en la obra de Miguel Canê."
    Histonium, (1945), 743-46.

14. CAPDEVILA, Arturo (1889-   )

Antuña, Josê G. "Para los horizontes de Amêrica; el libro de
    Arturo Capdevila." Nosotros, No. 213 (1927), 189-203.

Cansinos-Assens, Rafael. "Sobre Arturo Capdevila." Nosotros,
    No. 241 (1929), 393-96.

Cora, Jesûs Antonio. El libertador, El Protector y un libraco de
    Capdevila. Caracas, Avila, 1951.

Cordero y Leôn, Rigoberto. "Arturo Capdevila, poeta profundo."
    AUC, 8 (1952), 115-43.

De Diego, Celia. "En la Corte del Virrey; estampas de evocaciôn,
    por Arturo Capdevila." Nosotros, 2a êpoca, No. 78 (1942),
    334-36.

Estrella Gutiêrrez, Fermín. Arturo Capdevila. BA, Ediciones
    Culturales Argentinas, 1961.

Fojas, Claudio. Hâgase saber; notifíquese Arturo Capdevila. BA,
    1929.

García Melid, Atilio. "La poesía de Arturo Capdevila." Nosotros,
    No. 276 (1932), 47-45.

Ghiano, Juan Carlos. "Reconocimiento de Arturo Capdevila."
    Ficciôn, No. 20 (1959), 94-99.

Mazzi, R. "Il sentimiento tragico della vita di un poeta argentino."
    In A. Giannini, Alcuni aspetti e tendenzi della politica
    degli stati dell'America Latina (Roma, 1928), 7-25.

Mendoza, Cristôbal L. "Una infortunada nota bibliogrâfica."
    RSBV, (1958), 393-401.

Pillepich, Piero. "Poesía y poetas argentinos." Nosotros,
    No. 250 (1930), 421-24.

Rodríguez Acasuso, Luis. "Teatro nacional." Nosotros, No. 143
    (1921), 529-37.

15. CARRIEGO, Evaristo (1883-1912)

Borges, Jorge Luis. Evaristo Carriego. BA, Emecé, 1955.

Cordero y León, Rigoberto. "Dos poetas argentinos: José
Hernández, fogón pampero. Evaristo Carriego, alma del
barrio." AUCu, 9 (1953), 167-95.

Gabriel, José. Evaristo Carriego, su vida y su obra. BA,
Justicia, 1921.

Melián Lafinur, Alvaro. "Las poesías de Evaristo Carriego." In
Literatura contemporánea (BA, Limitada, 1918), 88-99.

Villordo, Oscar Hermes. "Carriego de hoy y de siempre." CI,
1, 2 (1965), 132-37.

16. CORONADO, Martín (1850-1919)

Berenguer Carisomo, Arturo. "Martín Coronado: su tiempo y su
obra." CCT, No. 15 (1940), 29-64.

Castagnino, Raúl H. La iniciación teatral de Martín Coronado.
BA, Chiesa, 1951.

Castagnino, Raúl H. "Integración del repertorio dramático de
Martín Coronado." BET, Nos. 20-21 (1948), 2-6.

Castagnino, Raúl H. El teatro romántico de Martín Coronado.
BA, Ediciones Culturales Argentinas, 1962.

García Velloso, Enrique. "Martín Coronado." In Memorias de un
hombre de teatro (BA, G. Kraft, 1942), 1-13. Also in
BAAL, Nos. 21-22 (1938), 45-57.

Giusti, Roberto F. "Martín Coronado." In Poetas de América y
otros ensayos (BA, Losada, 1956), 100-107.

Guardia, Alfredo de la. "Discurso: Martín Coronado, drama-
turgo." BAAL, No. 121 (1966), 369-98.

Linares, Joaquín. "Los poemas dramáticos de Martín Coronado.
El margen de 'La piedra de escándalo' y 'La chacra de
Don Lorenzo'." BET, Nos. 29-30 (1950), 81-85.

17. CORTAZAR, Julio (1914-   )

Arroyo, Justo. "Julio Cortázar y su Rayuela." Lotería, No. 126
(1966), 26-30.

Barnatan, Marcos Ricardo. "Julio Cortázar, fantasma y escritor."
PSA, 44 (1967), 351-59.

Barrenechea, Ana M. "Rayuela, una búsqueda a partir de
cero." Sur, No. 288 (1964), 69-73.

Benedetti, Mario. "Julio Cortázar, un narrador para los lectores
cómplices." TMod, 1, 2 (1965), 16-19.

Blanco Amor, José. "Julio Cortázar." CA, No. 160 (1968),
213-37.

Bocaz, Luis. "Los reyes y la irresponsabilidad ante lo real de
Cortázar." Atenea, 45 (1968), 47-53.

Campos, Jorge. "Rayuela, de Julio Cortázar." Insula,
(1967), 11.

Cinco miradas sobre Cortázar. BA, Tiempo Contemporáneo, 1968.

Coll, Edna. "Aspectos cervantinos en Julio Cortázar." RHM, 34
(1968), 596-604.

Durán, Manuel. "Julio Cortázar y su pequeño mundo de cronopios
y famas." RI, 31 (1965), 33-46.

Fernández-Santos, F. "Julio Cortázar: cronopio universal."
Indice, Nos. 221-23 (1967), 13.

Figueroa, Esperanza. "Guía para el lector de Rayuela." RI, 32
(1966), 261-66.

Ford, Aníbal. "Los últimos cuentos de Cortázar." MNu, No. 4
(1966), 81-84.

Fuentes, Carlos. "Rayuela: la novela como caja de Pandora."
MNu, No. 9 (1967), 67-69.

García Canclini, Néstor. Cortázar: una antropología poética. BA,
Nova, 1968.

García Flores, Margarita. "Siete respuestas de Julio Cortázar."
RUM, 21, 7 (1967), i.e., 10-13.

Gimferrer, Pedro. "Notas sobre Julio Cortázar." Insula, No. 227
(1966), 7.

Guasta, Eugenio. "Los argentinos a través de una novela de
Cortázar." Criterio, Nos. 1513-14 (1966), 918-21.

Harss, Luis. "Cortázar, o la cachetada metafísica." MNu, No. 7
(1967), 57-74. Also, Luis Harss and Barbara Dohmann.

"Julio Cortázar, or the slap in the face. " NMQ, 36
(1966), 105-39.

Irby, James E. "Cortázar's Hopscotch and other games. " Novel,
1 (1967), 64-70.

López Chuhurra, Osvaldo. "Sobre Julio Cortázar. " CHA, No.
211 (1967), 5-30.

Loveluck, John. "Aproximación a Rayuela. " RI, 34 (1968), 83-93.

Micha, René. "Le Je et l'Autre chez Cortázar. " NRF, 12 (1964),
314-22.

Schneider, Luis Mario. "Julio Cortázar. " RUM, 17, 9 (1963),
24-25.

Sola, Graciela de. Julio Cortázar y el hombre nuevo. BA,
Sudamericana, 1968.

Uriarte, Fernando. "Julio Cortázar, novelista de Buenos Aires. "
Mapocho, 5, 2-3 (1966), 57-67.

18. ECHEVERRIA, Esteban (1805-1851)

Abadie-Aicardi, Aníbal. "Lo mítico, lo autobiográfico y lo histórico-social en la interpretación de la obra literaria de
Esteban Echeverría (1805-1851). " RJ, 10 (1959), 336-62.

Agosti, Héctor Pablo. Echeverría. BA, Futuro, 1951.

Arrieta, Rafael Alberto. "Contribución al estudio de Esteban
Echeverría. " BAAL, No. 35 (1941), 237-42.

Arrieta, Rafael Alberto. "En un ejemplar de 'Los consuelos'. "
BAAL, No. 45 (1943), 25-28.

Barreiro, José P. El espíritu de Mayo y el revisionismo his-
tórico. La visión política y social de Echeverría. La
interpretación histórica de Ingenieros. BA, A. Zamora,
1951.

Battistessa, Angel J. "Esteban Echeverría: su actitud frente al
idioma. " CI, 1, 4 (1966), 109-13.

Belby, José C. La aventura de la libertad en el hombre. BA,
Base, 1957.

Bergero, Eliseo. "Echeverría y el problema social. " Liberalis,
No. 22 (1952), 5-9.

Broquen, Enrique G. "La lección de Echeverría." Liberalis,
     Nos. 15-16 (1951), 4-13.

Caillet-Bois, Julio. "Echeverría y los orígenes del romanticismo
     en América." RHM, 6 (1940), 98-106.

Carilla, Emilio. "Ideas estéticas de Echeverría." RevE, 2a época,
     3, 1 (1958), 1-13.

Cháneton, Aníbal. Retorno de Echeverría. BA, Sociedad de His-
     toria Argentina, 1944.

Erro, Carlos Alberto. "Centenario de Echeverría." Sur, Nos.
     195-196 (1951), 42-53.

"Esteban Echeverría." RevE, 72, 1 (1930), 29-52.

Fernández, María Angela. "El concepto de 'Progreso' en Esteban
     Echeverría." RUBA, 4a época, No. 20 (1951), 419-91.

Furt, Jorge M. Esteban Echeverría. BA, Colombo, 1938.

Garasino, Ana María. "Esteban Echeverría y sus conceptos sobre
     preceptistas e imitadores." Liberalis, No. 19 (1952),
     14-18.

García Mèrou, Martín. Ensayo sobre Echeverría. BA, W. M.
     Jackson?, 1944.

Giménez Vega, Elías S. Esteban Echeverría; mito y realidad.
     BA, Artes Gráficas Negri, 1962.

Giusti, Roberto F. "Esteban Echeverría, poeta." In Poetas de
     América y otros ensayos (BA, Losada, 1956), 62-70.

Gutiérrez, Juan María. Sobre las "Rimas" de Echeverría. BA,
     Universidad de Buenos Aires, Facultad de Filosofía y
     Letras, Instituto de Literatura Argentina Ricardo Rojas,
     1960.

Halperín Donghi, Tulio. El pensamiento de Echeverría. BA,
     Sudamericana, 1951.

Halperín Donghi, Tulio. "Tradición y progreso en Esteban
     Echeverría." CA, No. 49 (1950), 203-15.

Horas, Plácido Alberto. Esteban Echeverría y la filosofía política
     de la generación de 1837. San Luis, Universidad Nacional
     de Cuyo, Facultad de Ciencias de la Educación, 1950.

Jaén, Didier T. "El concepto de 'democracia' en Esteban
Echeverría." CA, No. 148 (1966), 139-47.

Jozef, Bella. "Echeverría: poeta romántico." Kriterion, 13
(1960), 463-78.

Kisnerman, Natalio. Contribución a la bibliografía de Esteban
Echeverría. BA, Universidad Nacional de Buenos Aires,
Facultad de Filosofía y Letras, Instituto de Literatura
Argentina Ricardo Rojas, 1960.

Knowlton, Edgar C., Jr. "The epigraphs in Esteban Echeverría's
La cautiva." Hisp, 44 (1961), 212-17.

Lamarque, Nydia. "El amor de los amores en Esteban
Echeverría." CA, No. 24 (1945), 233-60.

Lamarque, Nydia. Echeverría, el poeta. BA, 1951.

Lanuza, José Luis. "Echeverría, ciudadano de la libertad."
Liberalis, No. 12 (1951), 3-5.

Lanuza, José Luis. Esteban Echeverría y sus amigos. BA,
Raigal, 1951.

Mantovani, Juan. Echeverría y la doctrina de la educación popular.
BA, Perrot, 1957. Also in ULH, Nos. 94-96 (1951),
29-55. Also in CyC, Nos. 229-31 (1951), 1-24.

Marianetti, Benito. Esteban Echeverría, glosas a un ideario pro-
gresista. Mendoza, 1951.

Marral, Juan F. "Estampa de un romántico argentino." CHA
No. 76 (1956), 51-58.

Martínez, Joaquín G. Esteban Echeverría en la vida argentina.
BA, Ateneo Liberal Argentino, 1953.

Medina Vidal, Jorge. "El tópico de 'La cautiva' en la literatura
rioplatense." I.E.S., 2, 3 (1957), 183-94.

Montserrat, Santiago. "Esteban Echeverría y el problema de
nuestra expresión." RUC, 43 (1956), 355-83.

Morales, Ernesto. Esteban Echeverría. BA, Claridad, 1950.

Morínigo, Mariano. "Realidad y ficción de 'El Matadero'." HumT,
13, 18 (1965), 283-318.

Moya, Ismael. "Echeverría, numen argentino." RevE, 2a época,
3, 9 (1958), 426-52.

Onetti, Carlos María.   "Tenue perfil de Esteban Echeverría. "
    ULH, No. 15 (1937), 117-38.

Palacios, Alfredo L.   Esteban Echeverría, albacea del pensamiento
    de Mayo. BA, Claridad, 1951.

Palcos, Alberto.   Historia de Echeverría.   BA, Emecé, 1960.

Pina Shaw, Hilda.   Esteban Echeverría, su nombre es una espada
    de Libertad.   BA, Signo, 1955.

Popescu, Oreste.   El pensamiento social y económico de Esteban
    Echeverría.   BA, Americana, 1954.

Queiroz, María de José.   "El matadero, pieza en tres actos. "
    RI, 33 (1967), 105-13.

Rojas Paz, Pablo.   Echeverría, el pastor de soledades.   BA,
    Losada, 1951.

Russel, Dora Isella.   "Memorias de un romántico: Esteban
    Echeverría. "   RevE, 2a época, 3, 7 (1958), 67-73.

Urien, Carlos M.   Esteban Echeverría: ensayo crítico-histórico
    sobre su vida y obras...   BA, Cabaut, 1905.

Weinberg, Félix.   "Contribución a la bibliografía de Esteban
    Echeverría. "   USF, No. 45 (1960), 159-216.

19.   EICHELBAUM, Samuel (1894-1967)

Apstein, Theodore, "Samuel Eichelbaum, Argentine playwright. "
    BA, 19 (1945), 237-41.

Cerratani, Arturo.   "El teatro de Samuel Eichelbaum. "   Síntesis,
    No. 36 (1930), 213-29.

Cruz, Jorge.   Samuel Eichelbaum.   BA, Ediciones Culturales
    Argentinas, 1962.

Guardia, Alfredo de la.   "Dos estudios de Samuel Eichelbaum. "
    Nosotros, 2a época, No. 64 (1941), 84-89.

Guardia, Alfredo de la.   "Raíz y espíritu del teatro de Eichelbaum."
    Nosotros, 2a época, No. 25 (1938), 385-400.

"Homenaje a Eichelbaum. "   Argentores, No. 122 (1965), 12-18.

Palant, Pablo T.   "El joven Eichelbaum. "   Davar, No. 72 (1957),
    89-92.

Pla, Roger.   "El teatro de Eichelbaum. "   Contrapunto, 1 (1944),
    8-9, 15.

20.   FERNANDEZ, Macedonio (1874-1952)

Barrenechea, Ana María.   "Macedonio Fernández y su humorismo
      de la nada."   BsAsL, 1 (1953), 25-38.

Becco, Horacio Jorge.   "Bibliografía de Macedonio Fernández."
      BsAsL, 1 (1953), 62-68.

Borges, Jorge Luis.   "Macedonio Fernández,"   L'Herne, 4 (1964),
      65-70.

Canal Feijóo, Bernardo.   "Teoría de Macedonio Fernández."
      Davar, No. 1 (1945), 61-67.

Fernández Moreno, César.   Introducción a Macedonio Fernández.
      BA, Talía, 1960.

González Lanuza, Eduardo.   "Macedonio Fernández, una novela
      que comienza."   Sur, No. 79 (1941), 115-18.

Jurado, Alicia.   "Aproximación a Macedonio Fernández."   Ficción,
      No. 7 (1957), 65-79.

Martínez, Tomás Eloy.   "Macedonio Fernández."   HumT, 2, 6
      (1955), 365-67.

Obieta, Adolfo de.   "Macedonio Fernández, mi padre."   RULP,
      No. 3 (1958), 147-50.

Pagés Larraya, Antonio.   "Macedonio Fernández, un payador."
      CHA, No. 156 (1963), 133-46.   Also in HumM, 3 (1962),
      315-28.

Ponzo, Alberto Luis.   "Revelación y angustia en Macedonio
      Fernández."   Espiral, No. 100 (1966), 14-19.

Rodríguez Monegal, Emir.   "Macedonio Fernández, Borges y el
      ultraísmo."   Número, No. 19 (1952), 171-83.

Salvador, Nélida.   "Macedonio Fernández y su poemática del
      pensar."   Comentario, No. 38 (1964), 45-59.

Sánchez, Luis Alberto.   "Macedonio Fernández."   In Escritores
      representativos de América (Madrid, Gredos, 1957), II,
      197-208.

Trípoli, Vicente.   Macedonio Fernández: esbozo de una
      inteligencia.   BA, Colombo, 1964.

21.   FERNANDEZ MORENO, Báldomero (1886-1950)

Banchs, Enrique.   "Discurso... en el sepelio de don B. Fernández
     Moreno. "   BAAL, No. 73 (1950), 277-80.

"Bibliografía de don B. Fernández Moreno. "   BAAL, No. 73 (1950),
     285-87.

Carilla, Emilio.   "Fernández Moreno: una autobiografía lírica. "
     CHA, No. 27 (1952), 70-83.

Carilla, Emilio.   "Tres notas sobre Fernández Moreno. "
     Sarmiento, No. 35 (1955), 1-11.

Díez-Canedo, Enrique.   "Unidad de Fernández Moreno. "   In Letras
     de América, estudios sobre las literaturas continentales
     (México, El Colegio de México, 1944), 355-63.

Fernández Moreno, César, and Manrique Fernández Moreno.
     Bibliografía de Fernández Moreno.   BA, Universidad
     Nacional de Buenos Aires, Instituto de Literatura Argentina
     Ricardo Rojas, 1960.

Fernández Moreno, César.   Introducción a Fernández Moreno.
     BA, Emecé, 1956.

Fernández Moreno, César.   "Tres etapas en la poesía de
     Fernández Moreno. "   RHM, 22 (1956), 120-31.

Garay, María del Carmen.   "Fernández Moreno. "   Nosotros, 2a
     época, No. 29 (1938), 31-54.

Ghiano, Juan Carlos.   "Un nuevo libro de Fernández Moreno. "
     CI, 2, 5 (1966), 91-99.

Giusti, Roberto F.   "Fernández Moreno. "   In Crítica y polémica
     (BA, Nosotros, 1917), 101-13.   Also in Ensayos (BA,
     Bartolomé U. Chiesino, 1955), 35-42.

Ibarguren, Carlos.   "Discursos en la recepción del señor B.
     Fernández Moreno. "   BAAL, No. 15 (1936), 279-94.

Leith, Clara Jean.   Baldomero Fernández Moreno: his life and his
     works.   Ann Arbor, University Microfilms, 1958.

Martínez Estrada, Ezequiel.   "Fernández Moreno. "   Nosotros, 2a
     época, No. 64 (1941), 3-17.

Ostrov, León.   "Veinte años de poesía: Fernández Moreno. "
     Nosotros, 2a época, No. 5 (1936), 493-508.

Pedro, Valentín de. "Naufragio y salvación de Fernández Moreno."
Sustancia No. 14 (1943), 296-313.

Rivera, Héctor M. Fernández Moreno: sus años de médico y
poeta de Chascomús. Chascomús, Lago, 1953.

Sánchez-Sáez, Braulio. "Baldomero Fernández Moreno: su obra
poética." RUCSP, 6, 12 (1954), 41-47.

Villordo, Oscar Hermes. "Fernández Moreno, poeta montañes."
CI, 1, 4 (1966), 103-107.

22. GALVEZ, Manuel (1882-1963)

Anzoátegui, Ignacio B. Manuel Gálvez. BA, Ministerio de Educación, 1961.

Blanco-González, Bernardo. "Manuel Gálvez (1882-1963)." RI, 29
(1963), 311-15.

Blasi Brambilla, Alberto. "Apuntes para un estudio de la obra de
Manuel Gálvez." Estudios, No. 549 (1963), 699-706.

Brown, Donald F. "An Argentine Doña Perfecta: Galdós and
Manuel Gálvez." Hisp, 47 (1964), 282-87.

Brown, Donald F. "An Argentine nivola: Unamuno and Manuel
Gálvez." Hisp, 42 (1959), 506-10.

Carrero del Mármol, Elena. "Gálvez y Mallea: imágenes de la
Argentina." DHR, 2 (1963), 167-78.

Chapman, G. Arnold. "Manuel Gálvez y Eduardo Mallea." RI, 19
(1953), 71-78.

Cotto-Thorner, G. "Manuel Gálvez y su trilogía de la guerra
uruguaya [sic, for paraguaya]." RI, 16 (1950-51), 79-89.

Desinano, Norma B. "Gálvez y la novela histórica: el ciclo
Rosista." DHR, 2 (1963), 179-90.

Desinano, Norma B. La novelística de Manuel Gálvez. Santa Fe,
Universidad Nacional del Litoral, Facultad de Filosofía y
Letras, 1965.

Gahisto, Manoel. "Manuel Gálvez y la novela nacional argentina."
Nosotros, No. 130 (1920), 373-77.

Galaos, José Antonio. "Manuel Gálvez, novelista-cronista de
Buenos Aires." CHA, No. 170 (1964), 344-55.

García Blanco, Manuel. "El escritor argentino Manuel Gálvez y
    Unamuno: historia de una amistad." CHA, No. 53 (1954),
    182-98.

Giusti, Roberto F. "El mal metafísico." In Crítica y polémica,
    1ª serie (BA, Nosotros, 1917), 131-37.

González, Manuel Pedro. "Hombres en soledad' de Manuel Gálvez."
    RI, 2 (1940), 419-25.

Green, Otis. "Gálvez's La sombra del convento and its relation
    to El diario de Gabriel Quiroga." HR, 12 (1944), 196-210.

Green, Otis. "Manuel Gálvez, 'Gabriel Quiroga,' and La maestra
    normal." HR, 11 (1943), 221-52.

Green, Otis. "Manuel Gálvez, 'Gabriel Quiroga,' and El mal
    metafísico." HR, 11 (1943), 314-37.

Holmes, Henry Alfred. "Una trilogía de Manuel Gálvez: Escenas
    de la guerra del Paraguay." RHM, 3 (1937), 201-12.

Jaimes-Freyre, Mireya. "Gálvez y su laberinto." RI, 18 (1953),
    315-27.

Jitrik, Noé. "Los desplazamientos de la culpa en las obras
    'sociales' de Manuel Gálvez." DHR, 2 (1963), 143-66.

Kisnerman, Natalio. "Bibliografía de Manuel Gálvez." BADAL,
    No. 17 Suppl. (1963), 8-74.

Lichtblau, Myron I. "The recent novels of Manuel Gálvez."
    Hisp, 42 (1959), 502-505.

Lichtblau, Myron I. "El sentido de la realidad en unas novelas
    argentinas." HumM, 6 (1965), 233-42.

McGarry, Margarita Clare. Manuel Gálvez, founder of the
    Argentinian novel. Unpublished Masters thesis, St. John's
    University, 1948.

Mastronardi, Carlos. "Gálvez y el estilo barroco." Sur, No. 245
    (1957), 104-107.

Méndez Calzada, Luis. "El solar de la raza." Nosotros, No. 57
    (1914), 76-87.

Messimore, Hazel M. "City life in some novels of Manuel Gálvez."
    Hisp, 32 (1949), 460-66.

Messimore, Hazel M. Manuel Gálvez. Unpublished Ph.D. disser-
    tation, University of Colorado, 1950.

Noê, Julio. "Dos libros de Manuel Gálvez." In Nuestra litera-
    tura... (BA, Limitada, 1923), 65-89.

Noê, Julio. "El mal metafísico por Manuel Gálvez." Nosotros,
    No. 83 (1916), 393-400.

Olivari, Nicolás, and Lorenzo Stanchina. Manuel Gálvez y sus
    obras. BA, Agencia General de Librería y Publicaciones,
    1924.

Onega, Gladys Susana. "Gálvez: La maestra normal." DHR, 2
    (1963), 129-41.

Orgaz, Manuel. "Conversación con Manuel Gálvez." CHA, No. 160
    (1963), 113-23.

Pflueger, Ina Hudspeth. Some social problems manifested in the
    novels of Manuel Gálvez. Unpublished Master's thesis,
    University of Arizona, 1940.

Pillement, Georges. "Manuel Gálvez y la novela argentina moderna."
    Nosotros, No. 262 (1931), 307-11.

Prieto, Adolfo. "Gálvez: El mal metafísico." DHR, 2 (1963),
    119-28.

Salaverri, Vicente A. "La tragedia de un hombre fuerte, por
    Manuel Gálvez." Nosotros, No. 160 (1922), 97-100.

Stevens, Leonard E. "Feminine protagonists in Manuel Gálvez'
    novels." DA, 26 (1965), 1050-51 (Indiana).

Tagle, Armando. "Manuel Gálvez." In Nuevos estudios psi-
    cológicos (BA, Gleizer, 1948), 45-69.

Ternavasio, Angela. "Manuel Gálvez: 'El mal metafísico' (figura
    social del escritor argentino a comienzos de siglo)."
    RLAI, 2 (1960), 49-72.

Torres-Ríoseco, Arturo. "Manuel Gálvez." Nosotros, 2a época,
    No. 32 (1938), 411-26.

Tucker, Scotti Mae. "An Argentine Gone with the wind." Hisp,
    50 (1967), 69-73.

Turner, Esther H. "Hispanism in the life of Manuel Gálvez." DA,
    19 (1959), 3311 (Wash.).

Turner, Esther H. "The religious element in the works of Manuel
    Gálvez." Hisp, 43 (1963), 519-24.

23. GERCHUNOFF, Alberto (1884-1950)

Blondet, Olgo. "Alberto Gerchunoff: bibliografía. " RHM, 23
(1957), 257-59.

Davar, Nos. 31-33 (1951).

Giusti, Roberto F.   "El espíritu y la obra de Alberto Gerchunoff."
In Poetas de América y otros ensayos (BA, Losada, 1956),
139-49.

Jaroslavsky de Lowy, Sara.   "Alberto Gerchunoff: vida y obra. "
RHM, 23 (1957), 205-57.

Jaroslavsky de Lowy, Sara.   Alberto de Gerchunoff: vida y obra,
bibliografía, antología.   NY, Hispanic Institute in the U. S. ,
1957.

Leyes, Elio C.   "Gerchunoff y la tierra de Entre Ríos. "
Comentario, No. 42 (1965), 70-72.

Maler, Bertil.   "Alberto Gerchunoff: Los gauchos judíos. " MSpr,
56 (1962), 219-24.

Viñas, David.   "'Gauchos judíos' y xenofobia. " RUM, 18, 3 (1963),
14-19.

24. GUIDO Y SPANO, Carlos (1827-1918)

Ardoino, Rimaelvo A.   Carlos Guido y Spano: hombre y poeta.
Montevideo, Atlántida, 1949.

Danero, E. M. S.   Poesías escogidas, autobiografía; con una
semblanza y notas.   Santa Fe, Castellví, 1955.

Fortuny, Pablo.   Carlos Guido y Spano, poeta y "hombre de bien. "
BA, Theoría, 1967.

Goyena, Pedro.   "Carlos Guido y Spano. " In Crítica literaria
(BA, La Cultura Argentina, 1917), 249-61.

Hulet, Claude Lyle.   "Carlos Guido y Spano. " Hisp, 39 (1956),
305-308.

Hulet, Claude Lyle.   Carlos Guido y Spano y su tiempo.   Ann
Arbor, University Microfilms, 1954.

Hulet, Claude Lyle.   "Two Romantic Patterns in Carlos Guido y
Spano. " MLQ, 19 (1958), 47-52.

Loprete, Carlos Alberto. Carlos Guido y Spano. BA, Ediciones
    Culturales Argentinas, 1962.
Melián Lafinur, Alvaro. "Carlos Guido Spano." In Literatura
    contemporánea (BA, Limitada, 1918), 143-48.

Quesada, Ernesto. La personalidad de Carlos Guido y Spano. BA,
    Mercatali, 1918. Also Nosotros, No. 114 (1918), 155-71.
Sarlo Sabajanes, Beatriz. Carlos Guido y Spano. BA, Centro
    Editor de América Latina, 1968.

25. GÜIRALDES, Ricardo (1886-1927)

Abalos, Jorge W. "La fauna en 'Don Segundo Sombra'." CI, 1,
    4 (1966), 61-76.
Aguirre, J. M., "Don Segundo Sombra: una interpretación más."
    NRFH, 17 (1963-64), 88-95.
Aita, Antonio. "Ricardo Güiraldes." In Expresiones (BA, La
    Bonaerense, 1933), 45-64.
Almeida Pintos, R. "El sueño de Don Segundo Sombra."
    Nacional, No. 69 (1943), 363-74.
Alonso, Amado. "Un problema estilístico de Don Segundo Sombra."
    In Materia y forma en poesía (Madrid, Gredos, 1955),
    418-28.
Anderson Imbert, Enrique. "Güiraldes y lo sobrenatural." Sur,
    No. 224 (1953), 121-22.
Aprile, Bartolomé Rodolfo. El ahijado de Don Segundo o Fabio
    Cáceres... BA, Plus Ultra, 1935.
Ara, Guillermo. "Conciencia y tarea del cuento en Ricardo
    Güiraldes." USF, No. 43 (1960), 45-72.
Ara, Guillermo. "Lo mítico y lo místico en Güiraldes." CA,
    No. 122 (1962), 241-54.
Ara, Guillermo. Ricardo Güiraldes. BA, La Mandrágora, 1961.
Avalos, Julio Alberto. Evocación de Roberto Güiraldes. Córdoba,
    1943.
Ayala, Francisco. "Notas sobre 'Don Segundo Sombra'."
    Asomante, 6, 2 (1950), 28-33.

Battistessa, Angel J. "Güiraldes y Laforgue." Nosotros, 2a
       época, No. 71 (1942), 149-70.

Becco, Horacio Jorge. "Al margen de Don Segundo Sombra."
       Asomante, 10, 1 (1954), 39-40.

Becco, Horacio Jorge. Contribución a la bibliografía argentina
       contemporánea: Ricardo Güiraldes (1886-1927). BA,
       Alada, 1954.

Becco, Horacio Jorge. Don Segundo Sombra y su vocabulario.
       BA, Ollantay, 1952.

Becco, Horacio Jorge. "Hacia una definición del gaucho (textos
       inéditos de Ricardo Güiraldes.)" Norte, No. 8 (1955),
       31-34.

Becco, Horacio Jorge. Ricardo Güiraldes. BA, Universidad
       Nacional de Buenos Aires, Facultad de Filosofía y Letras,
       1959.

Beláustegui, María Teresa. "Contribución para el conocimiento de
       la bibliografía de Ricardo Güiraldes." BsAsL, 1 (1952),
       48-55.

Blasi, Alberto Oscar. "Güiraldes en el ultraísmo." Estudios,
       86 (1953), 330-35.

Boj, Silvero [Walter Guido Wèyland]. Ubicación de Don Segundo
       Sombra y otros ensayos. Tucumán, B. S. Paravan, 1940.

Bonet, Carmelo M. "Homenaje a Ricardo Güiraldes." RevE, 2a
       época, 3, 2 (1958), 223-37.

Bonet, Carmelo M. "Ricardo Güiraldes." In Gente de novela
       (BA, Imprenta de la Universidad, 1939), 77-101.

Bordelois, Ivonne. Genio y figura de Ricardo Güiraldes. BA,
       EUDEBA, 1967.

Boyd, Lola E. "Dos niños de 'nuestra América'." CA, No. 103
       (1959), 221-34.

Brandán Caraffa, Alfredo. "Güiraldes inédito." Síntesis, 5 (1928),
       272-74.

Bravo, Domingo A. El quichua en el Martín Fierro y en Don
       Segundo Sombra. BA, Instituto Amigos del Libro
       Argentino, 1968.

Caldiz, Juan Francisco. Lo que no se ha dicho de 'Don Segundo
Sombra'. La Plata, A. Domínguez, 1952.

Cambours, Ocampo Arturo. "Don Segundo Sombra." In
Indagaciones sobre literatura argentina (BA, Albatros,
1952), 16-19.

Campos, Jorge. "Ricardo Güiraldes sobre su tierra de siempre."
Insula, No. 173 (1961), 11.

Caracciolo, Enrique. "Otro enfoque de Don Segundo Sombra."
PSA, 39 (1965), 123-39.

Carilla, Emilio. "Trayectoria de Ricardo Güiraldes." Mar del
Sur, No. 22 (1952), 38-43. Also in Norte, 3 (1952),
53-61.

Chapman, G. Arnold. "Pampas and big woods: heroic initiation in
Güiraldes and Faulkner." CL, 11 (1959), 61-77.

Collantes de Terán, Juan. "En torno al simbolismo e impresionismo
en Don Segundo Sombra." EAm, 13 (1957), 17-39.

Collantes de Terán, Juan. Las novelas de Ricardo Güiraldes.
Sevilla, Escuela de Estudios Hispanoamericanos, 1959.

Collantes de Terán, Juan. "Rosaura en el estilo literario de
Ricardo Güiraldes." RL, 14 (1958), 198-209.

Colombo, Ismael B. Ricardo Güiraldes: el poeta de la pampa.
San Antonio de Areco, Colombo, 1952.

Cortazar, Augusto Raúl. Valoración de la naturaleza en el habla
del gaucho (a travès de Don Segundo Sombra). Buenos
Aires, Universidad Nacional de Buenos Aires, Instituto de
Literatura Argentina, 1941.

Cuña, Irma. "Símbolos de 'Don Segundo Sombra'." RLC, 36
(1962), 404-37.

Cúneo, Dardo. "La crisis argentina del '30 en Güiraldes, Scalabri-
ni Ortiz y Lugones." CA, No. 140 (1965), 158-75.

DaCal, Ernesto G. "Don Segundo Sombra, teoría y símbolo del
gaucho." CA, No. 41 (1948), 245-59.

DeCesare, Giovanni Battista. "Sobre la estructura y los pro-
tagonistas de Don Segundo Sombra." Thesaurus, 19 (1964),
558-65.

Díez-Canedo, Enrique. "Al margen de Ricardo Güiraldes." In
   Letras de América (México, Fondo de Cultura Económica,
   1949), 332-40.

Doll, Ramón. "Segundo Sombra y el gaucho que ve el hijo del
   patrón." Nosotros, Nos. 222-23 (1927), 270-81.

Droguett, Ivan Cz. "Antecedentes para la comprensión de Don
   Segundo Sombra." RSV, 7 (1968), 23-39.

Earle, Peter G. "El sentido poético de Don Segundo Sombra."
   RHM, 26 (1960), 126-32.

Echegaray, Aristóbulo. Don Segundo Sombra, reminiscencia
   infantil de Ricardo Güiraldes. BA, Dople P., 1955.

Erro, Carlos Alberto. "Al margen de Don Segundo Sombra." In
   Medida del criollismo (BA, Porter, 1929), 165-83.

Etchebarne, Dora Pastoriza de. Elementos románticos en las
   novelas de Ricardo Güiraldes. BA, Perrot, 1957.

Fabián, Donald. "La acción novelesca de Don Segundo Sombra."
   RI, 23 (1958), 147-53.

Galaos, José Antonio. "Sobre la trayectoria espiritual de Ricardo
   Güiraldes." CHA, Nos. 175-76 (1964), 214-23.

García Pinto, Roberto. "Encuentro de Dávalos y Güiraldes." Sur,
   No. 253 (1958), 37-42.

Garganigo, John Frank. "Gaucho tierra y Don Segundo Sombra:
   dos idealizaciones gauchescas." RHM, 32 (1966), 198-205.

Gates, Eunice Joiner. "The imagery of don Segundo Sombra."
   HR, 7 (1948), 33-49.

Gates, Eunice Joiner. "A note on the resemblances between Don
   Segundo Sombra and Don Quijote." HR, 14 (1946), 342-43.

Ghiano, Juan Carlos. "El asunto de Don Segundo Sombra." In
   Temas y aptitudes (BA, Ollantay, 1949), 19-37.

Ghiano, Juan Carlos. "La composición en Don Segundo Sombra."
   HumLP, 33 (1950), 337-61.

Ghiano, Juan Carlos. "Güiraldes novelista." In Constantes de la
   literatura argentina (BA, Raigal, 1953), 81-107.

Ghiano, Juan Carlos. Introducción a Ricardo Güiraldes. BA,
   Ministerio de Educación y Justicia, 1961.

Ghiano, Juan Carlos.   "Itinerario de Güiraldes."   Davar, No. 4
    (1952), 26-55.

Ghiano, Juan Carlos.   "La lección de don Segundo Sombra."   La
    torre, (1962), 95-114.

Ghiano, Juan Carlos.   "Ricardo Güiraldes."   In Poesía argentina
    del siglo XX (BA, Fondo de Cultura Económica, 1957),
    89-95.

Ghiano, Juan Carlos.   Ricardo Güiraldes.   BA, Pleamar, 1966.

Gicovate, Bernardo.   "Notes on Don Segundo Sombra: the educa-
    tion of Fabio Cáceres."   Hisp, 34 (1951), 366-68.

Giusti, Roberto F.   "Dos novelas del campo argentino."   Nosotros,
    No. 208 (1926), 125-33.   Also in Crítica y polémica; 3a
    serie (BA, Limitada, 1927), 147-60.

Giusti, Roberto F.   "Ricardo Güiraldes."   In Lecciones de litera-
    tura argentina e hispanoamericana   (BA, Angel Estrada,
    1947), 434-36, 492-94.

González, Juan B.   "Un libro significativo: Don Segundo Sombra."
    Nosotros, No. 54 (1926), 377-85.   Also in En torno al
    estilo... (BA, Gleizer, 1931), 77-89.

Goti Aguilar, J. C.   "Don Segundo Sombra."   In Crítica nuestra
    (BA, Viau y Zona, 1935) 12-88.

Huertas, José Guillermo.   "Los cuentos de Don Segundo Sombra."
    Histonium, No. 182 (1954), 11-12.

Irving, T. B.   "Myth and reality in Don Segundo Sombra."   Hisp,
    40 (1957), 44-48.

Johnson, Ernest A., Jr.   "Don Segundo Sombra: ciertos valores
    poéticos."   Hispano, No. 10 (1960), 57-70.

Kovaci, Ofelia.   La pampa a través de Ricardo Güiraldes.   BA,
    Universidad de Buenos Aires, Facultad de Filosofía y
    Letras, Instituto Ricardo Rojas, 1961.

Leguizamón, María Luisa C. de.   "Ricardo Güiraldes y algunos
    aspectos de su obra."   CA, No. 69 (1953), 278-90.

Lerner, Isaías.   "El paisaje en Don Segundo Sombra."   Davar,
    No. 73 (1957), 79-89.

Liberal, José R.   Don Segundo Sombra de Ricardo Güiraldes... BA,
    F. A. Colombo, 1946.

López, María E. Arias. "Ricardo Güiraldes et la critique argen-
    tine." BFLS, 46 (1968), 664-68.

Lugones, Leopoldo. "Don Segundo Sombra." Atenea, 23 (1933),
    319-25.

Macías, Hugo. Crónica del corazón gaucho de Ricardo Güiraldes.
    San Antonio de Areco, Arg., 1939.

Marinello, Juan. "Tres novelas ejemplares." Sur, No. 6 (1936),
    59-75. Also in Literatura hispanoamericana: hombres,
    meditaciones (México, Universidad Nacional Autónoma de
    México, 1937), 143-63.

Mata, Ramiro W. "Estructura y significación de 'Don Segundo
    Sombra', de Ricardo Güiraldes." RNM, No. 154 (1951),
    109-34.

Mata, Ramiro W. Ricardo Güiraldes, José Eustacio Rivera, Ró-
    mulo Gallegos; estudios biocríticos. Montevideo, Com-
    pañía Impresora, 1961.

Miller, Barbara Lee. Ricardo Güiraldes, ¿hombre de pampa o
    escritor culto? Unpublished thesis, Mexico City College,
    1953.

Molloy, Sylvia. "Historia de una amistad." Sur, No. 284 (1963),
    72-81.

Monserrat, Ricardo. Ricardo Güiraldes en La Porteña. San
    Antonio de Areco, Arg., Imprenta Monserrat, 1952.

Morby, Edwin S. "¿Es Don Segundo Sombra novela picaresca?"
    RI, 1 (1939), 375-80.

Morello-Frosch, Marta E. "Evasión y retorno en Don Segundo
    Sombra." Hispano, No. 24 (1965), 35-41.

Moretič, Yerko. "Algo acerca del contenido afectivo de Don
    Segundo Sombra." Atenea, No. 166 (1967), 61-67.

Murguía, Theodore Infante. "The timeless aspect of Don Segundo
    Sombra." Hisp, 46 (1963), 88-92.

Neyra, Juan C. El mito gaucho de Don Segundo Sombra. Bahía
    Blanca, Pampa Mar, 1952.

Noel, Martín S. "Las últimas páginas de Güiraldes." Síntesis, 2
    (1927), 301-304.

Novacek Miltoño, Francisco. Facundo y Don Segundo Sombra.
  Dos estilos de vida. Unpublished thesis, Universidad
  Nacional Autónoma de México, 1957.

Oliveira, Cecilia Teixeira de. "El gaucho visto por Hernández y
  Güiraldes. " Letras, 13 (1964), 56-61.

Pagès Larraya, Antonio. "Don Segundo Sombra y el retorno. "
  CHA, Nos. 152-53 (1962), 275-85.

Pinto, Luis C. Don Segundo Sombra, sus críticos y el idioma.
  Avellaneda, Nueva Vida, 1956.

Predmore, Michael P. "The function and symbolism of water
  imagery in Don Segundo Sombra. " Hisp, 44 (1961), 428-30.

Previtali, Giovanni. Ricardo Güiraldes and Don Segundo Sombra:
  life and works. New York, Hispanic Institute in the U. S. ,
  1963.

Previtali, Giovanni. Ricardo Güiraldes: biografía y crítica.
  Mayagüez, Puerto Rico, 1960. Also, Mexico, De Andrea,
  1965.

Previtali, Giovanni, and Pablo Max Ynsfrain. "El verdadero Don
  Segundo Sombra and Don Segundo Sombra de Güiraldes. "
  RI, 29 (1963), 317-20.

Rangel Guerra, Alfonso. "El hombre en Don Segundo Sombra. "
  ArL, 8, 2 (1965), 33-44.

Rodríguez, María del Carmen. El paisaje en Don Segundo Sombra
  y otros ensayos. Paraná, Nueva Impresora, 1950.

Rodríguez Alcalá, Hugo. "A los cuarenta años de Don Segundo
  Sombra. " CA, No. 151 (1967), 224-55.

Rodríguez Alcalá, Hugo. "El interès artístico de las riñas de gallo
  en Los de abajo, La vorágine y Don Segundo Sombra. "
  RF, 76 (1964), 163-82.

Rodríguez Alcalá, Hugo. Korn, Romero, Güiraldes, Unamuno,
  Ortega... México, De Andrea, 1958.

Rodríguez Alcalá, Hugo. "Lo real y lo 'ideal' en Don Segundo
  Sombra. " RHM, 32 (1966), 191-97.

Rodríguez Alcalá, Hugo. "Sentido y alcance de la comparaciones
  en Don Segundo Sombra. " In Luis Monguió, La cultura y

la literatura iberoamericanas (México, De Andrea, 1957), 155-63.

Rodríguez Alcalá, Hugo. "Sobre una nueva interpretación de Don Segundo Sombra." PyH, 2a época, No. 38 (1966), 149-57.

Romano, Eduardo. Análisis de Don Segundo Sombra. BA, Centro Editor de América Latina, 1961.

Schätz, Irene Martha María. Stil und Sprache in Ricardo Güiraldes' Don Segundo Sombra. München, Ludwig Maximilians-Universität, 1961.

Sisto, David T. "A possible source for Don Segundo Sombra." Hisp, 42 (1959), 75-78.

Smith, Herbert B. Don Segundo Sombra: su influencia en la argentinidad. La Plata, 1946.

Speratti Piñero, Emma S. "Realidad, mito y creación artistica en un relato de Güiraldes." BsAsL, No. 2 (1952), 41-45.

Stanford, G. Alonzo. "A study of the vocabulary of Ricardo Güiraldes's Don Segundo Sombra." Hisp, 25 (1942), 181-88.

Tagle, Armando. "Ricardo Güiraldes." In Nuevos estudios psicológicos, segunda serie (BA, M. Gleizer, 1934), 99-122.

Torres-Rioseco, Arturo. "Don Segundo Sombra." In Ensayos sobre la literatura latino-americana (México, Fondo de Cultura Económica, 1953), 113-20.

Torres-Rioseco, Arturo. "Ricardo Güiraldes." In Novelistas contemporáneas de América (Santiago de Chile, Nascimiento, 1939), 123-49.

Torres-Rioseco, Arturo. "Ricardo Güiraldes (1886-1927)." Atenea, 58 (1939), 464-90. Also in Grandes novelistas de la América Hispana (Berkeley, University of California Press, 1949), 79-107.

Verbitsky, Bernardo. "Verdad y belleza en Don Segundo Sombra." Testigo, No. 2 (1966), 26-38.

Villaseñor, Eduardo. "Xaimaca, Don Segundo Sombra: ¿De qué se trata?" In De la curiosidad y otros papeles (México, Letras de México, 1945), 101-105.

Weiss, G. H. "Argentina, the ideal of Ricardo Güiraldes." Hisp,
41 (1958), 149-53.

Weiss, G. H. "Ricardo Güiraldes, argentino (1886-1927)." DA,
16 (1956), 1143-44 (Syracuse).

Weiss, G. H. "The spirituality of Ricardo Güiraldes." Sym, 10
(1956), 231-42.

Weiss, G. H. "Technique in the works of Ricardo Güiraldes."
Hisp, 43 (1960), 353-58.

Xirau, Ramón. "Ciclo y vida en Don Segundo Sombra." CA, No.
116 (1961), 240-46.

26. HERNANDEZ, José (1834-1886)

Arriola Grande, F. Maurillo. "Martín Fierro, una epopeya de
América." Letras, Nos. 40-41 (1948), 165-238.

Astesano, Eduardo. Martín Fierro y la justicia social; primer
manifiesto revolucionario del movimiento-obrero argentino.
BA, Relevo, 1963.

Astrada, Carlos. El mito gaucho; Martín Fierro y el hombre
argentino; 2a ed. BA, Cruz del Sur, 1964.

Azeves, Angel Héctor. Contribución al estudio del Martín Fierro.
La Plata, 1951.

Azeves, Angel Héctor. La elaboración literaria del Martín Fierro.
La Plata, Universidad Nacional de La Plata, Facultad de
Humanidades y Ciencias de la Educación, 1960.

Bartholomew, Roy. "Las aves en el Martín Fierro." Atenea,
No. 405 (1964), 169-86.

Becco, Horacio Jorge. "José Hernández: Martín Fierro y su
bibliografía, II." CI, 2, 6 (1966), 109-37. [Part I is
represented by the following item.]

Becco, Horacio Jorge. "José Hernández y 'Martín Fierro'." CI,
2, 5 (1966), 123-45.

Berenguer Carisomo, Arturo. "La estilística de la soledad en el
Martín Fierro." RUBA, 4a época, No. 14 (1950), 315-89.

Bianchi, Enrique. Martín Fierro, un poema de protesta social.
BA, G. Kraft, 1952.

Blasi Brambilla, Alberto. "Principio de educación en el Martín
    Fierro. " RevE, nueva serie, 15 (1967), 85-88.

Borello, Rodolfo A. "Lectura de Martín Fierro. (Vuelta, cantos
    VI-IX). " RLAI, 2 (1960), 31-48.

Borges, Jorge Luis. The Spanish language in South America: a
    literary problem [and] El Gaucho Martín Fierro. London,
    The Hispanic and Luso-Brazilian Councils, 1964.

Borges, Jorge Luis, and Margarita Guerrero. El "Martín Fierro."
    BA, Columba, 1965.

Bosch Vinelli, Julia Beatriz. Labor periodística inicial de José
    Hernández. Santa Fe, Universidad Nacional del Litoral,
    Departamento de Extensión Universitaria, 1963.

Bravo, Domingo A. El quichua en el Martín Fierro y en Don
    Segundo Sombra. BA, Instituto Amigos del Libro Argentino,
    1968.

Brumana, Herminia. Nuestro hombre. BA, 1939.

Capdevila, R. Darío. El hombre, el pago y la frontera de Martín
    Fierro. Tapalqué, Arg. , Patria, 1967.

Carilla, Emilio. "El 'Martín Fierro', José Hernández y Sarmiento."
    RHM, 34 (1968), 570-85.

Carilla, Emilio. "'La República de las Canallas', un libelo
    (Sarmiento, José Hernández y Manuel Bilbao). " BLH, 5
    (1963), 43-57.

Carilla, Emilio. "Sobre la elaboración del Martín Fierro. " BAAL,
    No. 120 (1966), 157-62.

Carilla, Emilio. "Sobre los prólogos del Martín Fierro. " NRFH,
    13 (1959), 339-45.

Carsuzán, María Emma. "Sarmiento y Hernández: biógrafos
    ilustres y antagónicos de 'El Chaco'. " CyC, No. 275
    (1956), 403-23.

Casartelli, Manuel A. "Biografía del gaucho Martín Fierro. "
    RevC, Nos. 257-58 (1959), 17-20; No. 259 (1959), 12-14,
    23, 46.

Castanien, Donald G. "Hernández didactic purpose in 'Martín
    Fierro'. " MLJ, 37 (1953), 28-32.

Castro, Francisco I. Vocabulario y frases de "Martín Fierro".
BA, Ciordia & Hernández, 1950.

Chávez, Fermín. José Hernández, periodista, político y poeta.
BA, Ediciones Culturales Argentinas, 1959.

Compañy, Francisco. La fe de Martín Fierro. BA, Theoría,
1963.

Cordero, Héctor Adolfo. Valoración del Martín Fierro; 2a ed.
BA, J. E. Rossi, 1960.

Corradini, Alfonso. "El 'Martín Fierro' visto por un crítico
italiano." CyC, No. 268 (1955), 61-65.

Cortazar, Augusto Raúl. "¿Es el 'Martín Fierro' poesía folklórica?" Continente, No. 65 (1952), 107-10.

Cortazar, Augusto Raúl. "José Hernández, 'Martín Fierro' y su
crítica; aportes para una bibliografía." BADAL, Nos. 5-6
(1960), 50-129.

Corte, José C. La actuación litoralense del autor de 'Martín
Fierro'. Santa Fe, Castellví, 1963.

Corte, José C. "Certidumbre de la estada de José Hernández en
Santa Fe durante la Convención Nacional de 1860." USF,
No. 66 (1965), 181-89.

¿Cuál es el valor del Martín Fierro?" Nosotros, No.
50 (1913), 425-33; No. 51 (1913), 74-89; No. 52 (1913),
186-90.

Cúneo, Dardo. "El pensamiento económico de José Hernández."
CA, No. 137 (1964), 155-66.

Cutolo, Vicente Osvaldo. "La histórica edición de 'La vuelta de
Martín Fierro'." USF, No. 44 (1960), 227-35.

Delmar, Alberto. Martín Fierro como canto del hombre; 2a ed.
La Plata, 1958.

Díaz Seijas, Pedro. "Lo popular americano en Martín Fierro."
RNC, Nos. 156-57 (1963), 98-109.

Dillon, Ricardo Luis. "Apuntaciones gauchi-marítimas sobre el
'Martín Fierro'." Neptunia (1944), 101-106.

Espinoza, Enrique. "El sentido social de 'Martín Fierro'." RIn,
No. 45 (1942), 70-104. Also in El espíritu criollo...

(Santiago de Chile, Babel, 1951), 51-93.   Also in Babel,
No. 40 (1947), 149-57; No. 41 (1947), 217-34.

Fayó, Nestor A.   Contenido histórico-social del Martín Fierro.
Santa Fe, Gaitán y Anca, 1966.

Fernández Latour, Olga.   "El 'Martín Fierro' y el folklore
poético. "   CINIF, 3 (1962), 287-308.

Ferreyra Videla, Vidal.   "Tercia en los diálogos un personaje que
conocía las historias de don Quijote y Fierro. "   Estudios,
No. 446 (1950), 364-69.

Fúrlong Cardiff, Guillermo.   "La religiosidad de Martín Fierro. "
Estudios, No. 541 (1963), 43-49.

Gabriel, José.   Martín Fierro.   La Plata, 1943.

Gálvez, Manuel.   José Hernández; 2a ed. BA, Huemul, 1964.

Gandía, Enrique de.   "Una nueva crítica de Martín Fierro. "   UPB,
No. 64   (1952), 215-17.

García Pradas, J.   "Esencia social del Martín Fierro. "   CCLC,
No. 49 (1961), 35-42.

Gariano, Carmelo.   "Elementos humorísticos en el Martín Fierro. "
Hisp, 51 (1968), 67-78.

Giménez Vega, Elías S.   Vida de Martín Fierro.   BA, A. Peña
Lillo, 1961.

Ibarra de Anda, Fortino, and Manuel A. Casartelli.   El Perequillo
Sarniento y Martín Fierro; sendas semblanzas sociológicas
de México y Argentina.   Puebla, Méx. , Grupo Literario
"Bohenmia Poblana", 1966.

Inchauspe, Pedro.   Diccionario de Martín Fierro, con un apéndice
complementario.   BA, C. Dupont-Farré, 1955.

Ivern, Andrés.   Martín Fierro y la tradición (ubicación histórica).
BA, Ruiz, 1949.

Leumann, Carlos Alberto.   El poeta creador: cómo hizo Hernández
"La vuelta de Martín Fierro. "   BA, Sudamericana, 1945.

Llanos, Alfredo.   "El empirismo hernandiano. "   RevE, 2a
época, 3, 7 64-66.

Mafud, Julio.   Contenido social del "Martín Fierro. "   BA, Amé-
ricalee, 1961.

Martínez Estrada, Ezequiel. "Imagen de Martín Fierro." CA,
    No. 41 (1948), 99-125.

Martínez Estrada, Ezequiel. Muerte y transfiguración de Martín
    Fierro, ensayo de interpretación de la vida argentina...
    México, Fondo de Cultura Económica, 1948.

Martínez Estrada, Ezequiel. "Los personajes secundarios del
    'Martín Fierro'." Sur, No. 168   (1948), 18-32.

Maubé, José Carlos. Itinerario bibliográfico y hemerográfico
    del "Martín Fierro". BA, El Ombú, 1943.

Medina, Miguel Agustín. "Martín Fierro, Fausto y el tenorio.
    Vistos por un inglés." Atlántida (1944), 36-58.

Nosotros, Nos. 299-300 (1934), 312-31.

Obligado, Carlos. "Un comentario al 'Martín Fierro'." BAAL,
    No. 5   (1934), 233-69.

Oliveira, Cecilia Teixeira de. "El gaucho visto por Hernández y
    Güiraldes." Letras, 13 (1964), 56-61.

Onís, Federico de. "El Martín Fierro como obra de creación
    individual y popular." In Homenaje a Menéndez Pidal
    (Madrid, Hernando, 1925), II, 403-16.

Ortelli, Raúl. El otro Martín Fierro, ensayo. BA, Mercedes,
    1967.

Ortelli, Raúl. El último malón. Mercedes, Arg., 1953.

Pagés Larraya, Antonio. Prosas del Martín Fierro. BA, Raigal,
    1952.

Paoli, Pedro de. Los motivos de Martín Fierro en la vida de
    José Hernández; ed. aumentada. BA, Huemul, 1968.

Pereda Valdés, Ildefonso. "El sentido social del 'Martín Fierro'."
    Atenea, 33 (1936), 177-81.

Pereira Rodríguez, José. "Influencias de Fray Luis de León en el
    'Martín Fierro'." RHM, 8 (1942), 299-303.

Pérez Pinto, Diego. Promoción de la realidad en el Martín Fierro.
    Montevideo, La Casa del Estudiante, 1960.

Picone, José C. José Hernández, Almafuerte y la literatura
    social. BA?, 1952.

Pinto, Luis C. Idas y venidas con Martín Fierro; revisión de la
    crítica hernandiana desde sus orígenes. BA, Instituto
    Amigos del Libro Argentino, 1967-.

Quintana, Raúl. El sentido popular y la crítica del Martín Fierro.
    BA, 1941.

Rabinovich, Bella. "Moral y religión en 'Martín Fierro'." BIS,
    3 (1944), 213-30.

Ratti, Ricardo E. "Donde se trata de una lectura al 'Martín
    Fierro'." Histonium, No. 133 (1950), 56-57.

Rega Molina, Horacio. Proyección social del Martín Fierro. BA, Pre-
    sidencia de la Nación, Subsecretaría de Informaciones, 1950.

Rodríguez Molas, Ricardo. "José Hernández, discípulo de
    Sarmiento." USF, No. 59 (1964), 93-113.

Rovelli de Riccio, Osvalda Beatriz. Confrontación entre Don
    Quijote y Fierro. BA, 1961.

Rubman, Lewis H. "Martín Fierro as orphic poetry." Hisp, 50
    (1967), 454-60.

Salaverría, José María. El poema de la pampa: Martín Fierro
    y el criollismo español. Madrid, Calleja, 1918.

Salaverría, José María. Vida de Martín Fierro, el gaucho ejem-
    plar. Madrid, Espasa-Calpe, 1934.

Salaverría, José María. Vida de Martín Fierro y otros ensayos.
    BA, Institución Cultural Española, 1943.

Schaffroth, Alfredo. "'Martín Fierro', el derecho y la justicia."
    Temas (1946), 165-70.

Senet, Rodolfo. La psicología gauchesca en el Martín Fierro.
    BA, M. Gleizer, 1927.

Soto, Lucio R. "El 'Martín Fierro' y su valorización." CHA,
    No. 28 (1952), 40-57.

Terrera, Guillermo Alfredo. La epopeya hernandiana y su poema
    universal. BA, Plus Ultra, 1966.

Terrón, Alicia. Ensayos acerca de Martín Fierro. BA, Perlado,
    1962.

Tinker, Edward Larocque. Martín Fierro, Don Segundo Sombra,
    Ambassadors of the New World. Washington, D.C.,
    Argentine Embassy, 1948.

Tiscornia, Eleuterio F. La vida de Hernández y la elaboración
    del "Martín Fierro". BA, Coni, 1937. Also in BAAL,
    No. 20 (1937), 611-37.

Troncoso, Oscar A. "¿ Martín Fierro o el viejo Vizcacha?"
    Liberalis, No. 37 (1956), 37-36.

Unamuno y Jugo, Miguel de. El gaucho Martín Fierro. BA,
    Américalee, 1967.

Vásquez, Aníbal S. José Hernández en los entreveros joranistas.
    Paraná, Nueva Impresora, 1953.

Villanueva, Amaro. "Plan de Hernández." In Crítica y pico
    (Santa Fe, Colmegna, 1945), 15-102.

Villarino, M. de. "El espíritu sentencioso de Martín Fierro."
    In Luis Monguió, La cultura y la literatura iberoamericanas
    (México and Berkeley, De Andrea and University of
    California Press, 1957), 21-32.

27. LAFERRERE, GREGORIO DE (1877-1913)

Cerretani, Arturo. "Cómo nace el comediógrafo." RET, No. 7
    (1963), 18-24.

Echagüe, Juan Pablo. "Gregorio de Laferrère." In Escritores de
    la Argentina (BA, Emecé, 1945), 84-108.

García Velloso, Enrique. "Gregorio de Laferrère." In Memorias
    de un hombre de teatro (BA, G. Kraft, 1942), 31-46.
    Also in Nosotros, 2a época, Nos. 46-47 (1940), 7-18.

Gil Quesada, Maruja. "Punta de vista de una actriz." RET,
    No. 7 (1963), 13-17.

Heiling, María Celina. "El tema del aislamiento en 'Locos de
    verano'," RET, No. 6 (1963), 57-60.

Imbert, Julio. Gregorio de Laferrère. BA, Ediciones Culturales
    Argentinas, 1962.

Martínez Cuitiño, Vicente. "Elogio de Gregorio de Laferrère: el
    hombre, el comediógrafo." CCT, No. 15 (1943), 69-108.

Mitre, Adolfo. "Laferrère, señor de una época." RET, No. 7
    (1963), 7-12.

Monner Sans, José María. "La iniciación de Laferrère en el
    teatro. BET, No. 1 (1943), 21-23.

Monner Sans, José María. "El mejor teatro de Laferrère."
    Nosotros, 2a época, No. 73 (1942), 37-42.

Olaso, Ezequiel de. "Breve informe sobre Gregorio de Laferrère:
    una reflexión en torno a sus primeras obras." CCLC,
    No. 92 (1965), 82-84.

Viñas, David. Laferrère; del apogeo de la oligarquía a la crisis
    de la ciudad liberal. Rosario, Universidad Nacional del
    Litroral, Facultad de Filosofía y Letras, 1965.

28.   LARRETA, Enrique   (1873-1961)

Aldao, Martín. El caso de La gloria de don Ramiro; 7a ed. Roma,
    Cuggiani, 1918.

Alonso, Amado. Ensayo sobre la novela histórica. El modernismo
    en La gloria de don Ramiro [i. e., 147-315] BA, Coni,1942.

Becco, Horacio Jorge. "Bibliografía de don Enrique Larreta."
    BAAL, Nos. 101-102 (1961), 585-91.

Berenguer Carisomo, Arturo. "Las dos últimas novelas de
    Enrique Larreta." CHA, No. 75 (1956), 327-40.

Bonet, Carmelo M. "Enrique Larreta." In Gente de novela (BA,
    Imprenta de la Universidad, 1939), 18-24.

Bonet, Carmelo M. "Enrique Larreta, visión panorámica de su
    obra." BAAL, No. 121 (1966), 419-49.

Bonet, Carmelo M. "La gloria de don Ramiro en el taller." In
    Palabras... (BA, Universidad Nacional de Buenos Aires,
    Facultad de Filosofía y Letras, Biblioteca del Colegio de
    Graduados, 1935), 57-77.

Davison, Ned. "Remarks on the form of La gloria de don Ramiro."
    RomN, 3 (1961), 17-22.

Gandía, Enrique de. Don Ramiro en América y otros ensayos.
    BA, 1934.

Gandía, Enrique de. "Enrique Larreta; semblanzas e ideas."
    HumT, No. 14 (1961), 47-74.

Giménez Caballero, Ernesto. "La gloria de don Ramiro en la
    novela hispanoamericana." CHA, No. 8 (1949), 319-29.

Giusti, Roberto F. "Dos novelas del campo argentino." Nosotros,
    No. 208 (1926), 125-33. Also in Crítica y polémica; 3a
    serie (BA, Limitada, 1927), 147-60.

Giusti, Roberto F. "La gloria de don Ramiro, por Enrique
    Larreta." Nosotros, Nos. 18-19 (1909), 121-25.

La gloria de don Ramiro en veinticinco años de crítica: homenaje
    a don Enrique Larreta, 1908-1933. BA, 1933.

Jansen, André. "El cincuentenario de una gran novela: la crítica
    ante 'La gloria de don Ramiro'." RHM, 25 (1959), 199-
    206.

Jansen, André. Enrique Larreta; novelista hispano-argentino, 1873-
    1961. Madrid, Ediciones Cultura Hispánica, 1967.

Jansen, André. "'La gloria de Don Ramiro' de Enrique Rodríguez
    Larreta." CHA, Nos. 128-29 (1960), 175-89.

Lida, Raimundo. "La técnica del relato en La gloria de don
    Ramiro." CyC, No. 3 (1936), 225-47.

Mejía Velilla, David. "Enrique Larreta." Arco, No. 38 (1963),
    784-85.

Mujica Láinez, Manuel. "Enrique Larreta en su casa." BAAL,
    No. 121 (1966), 399-417.

Obligado, Pedro Miguel. "Un artista ejemplar: Enrique Larreta."
    BAAL, Nos. 112-13 (1964), 147-59.

Onega, Gladys Susana. "Larreta. Esteticismo y prosaismo."
    BLH, 4 (1962), 39-56.

Pomès, Mathilde. "Enrique Larreta y su concepto de la traducción."
    CCLC, No. 87 (1964), 89-90.

Sáenz Hayes, Ricardo. "Enrique Larreta." In Antiguos y modernos
    (BA, Buenos Aires, 1927), 103-13.

Sanz y Díaz, José. "Tránsito de Enrique Rodríguez Larreta."
    ND, 42 (1962), 16-17.

Scrimaglio, Marta. "Larreta. Modernismo y barroco." BLH, 4
    (1962), 19-38.

Soto, Luis Emilio. Zogoibi, novela humorística. BA, La Campana
    de Palo, 1927.

Sullivan, Guillermo. El caso de La gloria de don Ramiro. BA,
    1914.

Varela Jácome, Benito. "Las novelas de Enrique Larreta." Arbor,
    No. 195 (1962), 314-24.

Zaldumbide, Gonzalo. "Enrique Larreta: de Avila a la pampa."
    CHA, No. 13 (1950), 25-48.

29. LAVARDEN, Manuel José de (1754-1809)

Azzario, Esther A. M. "Estado actual de las investigaciones
    sobre 'Siripo'." RET, No. 4 (1962), 20-28.

Berenguey, Carisomo, Arturo. "El neo-clasicismo (Lavardén)."
    BET, 3, 1 (1945), 1-10. Also in Las ideas estéticas en
    el teatro argentino (BA, Instituto Nacional de Estudios de
    Teatro, 1947), Chapter 6, Section 1.

Bosch, Mariano G. "El apellido Lavardén." BAAL, No. 14 (1936),
    181-209.

Bosch, Mariano G. "Luis Ambrosio Morante ante el problema del
    Siripo apócrifo tenido por Lavardén." BAAL, No. 10
    (1935), 123-72.

Bosch, Mariano G. Manuel de Lavardén, poeta y filósofo. BA,
    Sociedad General de Autores de la Argentina, 1944.

Carilla, Emilio. "Lavardén, poeta satírico." RNM, 9 (1964),
    271-83.

Ghiraldo, Alberto. "Un precursor del teatro en América, Manuel
    José de Lavardén." Atenea No. 142 (1937), 88-97.

Marín, Ricardo. Manuel José de Lavardén, síntesis biográfica.
    BA, Ediciones de la Municipalidad de Buenos Aires, 1954.

Nocetti de Iparraguirre, Nélida D. "Epoca del virreynato--
    Desarrollo del pensamiento argentino. Don Manuel José
    de Lavardén." RevE, 87, 5 (1945), 64-67.

30. LUGONES, Leopoldo (1874-1938)

Ara, Guillermo. Leopoldo Lugones; 2a ed. BA, La Mandrágora,
    1958.

Ara, Guillermo. "Leopoldo Lugones, hombre de ideas." CyC,
No. 283 (1958), 238-57.

Ara, Guillermo. Leopoldo Lugones uno y múltiple. BA, Marú,
1967.

Arrieta, Rafael Alberto. "Lugones profesor y helenista." Davar,
(1954), 20-26.

Ashhurst, Anna W. "El simbolismo en Las montañas de oro."
RI, 30 (1964), 93-104.

Astrada, Carlos. "Leopoldo Lugones y la valoración de lo argentino." RUC, 42 (1955), 225-35.

Bello, Francisco R. Leopoldo Lugones, un criollo. San José,
C.R., Instituto Cultural Costarricense Argentino, 1963.

Berg, Mary G. "Para la bibliografía de Lugones." HR, 36 (1968),
353-57.

Bermann, Gregorio. "Meditación sobre Leopoldo Lugones." RNC,
No. 134 (1959), 122-29.

Borges, Jorge Luis, and Betina Edelberg. Leopoldo Lugones; 2a
ed. BA, Troquel, 1965.

Borges, Jorge Luis. "Leopoldo Lugones." RIB, 13 (1963), 137-46.

Borges, Jorge Luis. "La muerte de Leopoldo Lugones." CCLC,
No. 76 (1963), 17-19.

Cambours Ocampo, Arturo. Lugones, el escritor y su lenguaje.
BA, Theoría, 1957.

Capdevila, Arturo. "Leopoldo Lugones, el semidios." RNC,
Nos. 14-15 (1930), 83-96; No. 16 (1940), 115-37; No. 17
(1940), 148-56; No. 26 (1941), 84-94.

Carilla, Emilio. "Sobre la elaboración poética en Lugones."
HumT, No. 5 (1954), 167-84.

Carnicé de Gallez, Esther. Lugones y Darío en el centenario de
Mayo. Bahía Blanca, Universidad Nacional del Sur, Extensión Cultural, 1962.

Carreno, C. H. Leopoldo Lugones. Córdoba, 1950.

Castagnino, Raúl H. "¿Lugones escribió teatro? (Breve noticia
y reproducción de un curioso trabajo del gran escritor)."
BET, No. 9 (1945), 57-63.

Castellani Conte Pomi, Leonardo. Lugones. BA, Theoría, 1964.

Corro, Gaspar Pío del. Algunos antecedentes de "La guerra
    gaucha" de Leopoldo Lugones. Córdoba, Universidad Nacional
    de Córdoba, Facultad de Filosofía y Humanidades, 1959.

Corro, Gaspar Pío del. "Dos sonetos y un estilo." CuS, No. 5
    (1964), 409-12.

Cúneo, Dardo. "La crisis argentina del '30 en Güiraldes, Sca-
    labrini Ortiz y Lugones." CA, No. 140 (1965), 158-75.

Cúneo, Dardo. "Fragmento lugoneano." In Libro de homenaje a
    Luis Alberto Sánchez... (Lima, Universidad Mayor
    Nacional de San Marcos, 1967), 171-73.

Cúneo, Dardo. Leopoldo Lugones. BA, J. Alvarez, 1968.

Disandro, Carlos A. Lugones, su itinerario lírico. La Plata,
    Hostería Volante, 1963.

Doll, Ramón. Lugones, el apolítico y otros ensayos. BA, A.
    Peña Lillo, 1966.

Echagüe, Juan Pablo. "Leopoldo Lugones." In Escritores de la
    Argentina (BA, Emecé, 1945), 136-48.

Espinoza, Enrique. El espíritu criollo: Sarmiento, Hernández,
    Lugones. Santiago de Chile, Babel, 1951.

Espinoza, Enrique. "La síntesis genuina de Lugones." Babel,
    No. 46 (1948), 209-14.

Fernández Moreno, César. "Lugones: el hombre y su expresión."
    RevH, 1 (1961), 99-119.

Figueira, Gastón. "Evocación de Leopoldo Lugones." RNM,
    No. 158 (1952), 194-200.

Fuentes, Pedro Miguel. "Lugones, nuestro épico." Estudios,
    No. 546 (1963), 451-57.

Ghiano, Juan Carlos. "Algunos temas lugonianos." CyC,
    (1947), 347-59.

Ghiano, Juan Carlos. Análisis de La guerra gaucha. BA, Centro
    Editor de América Latina, 1967.

Ghiano, Juan Carlos. Lugones escritor (notas para una análisis
    estilística. BA, Raigal, 1955.

Ghiano, Juan Carlos. "Lugones y el lenguaje." RUBA, 4a época,
    2 (1948), 49-75.

Girosi, Pablo. "Resonancias itálicas en la poesía de Leopoldo
    Lugones." Histonium, No. 106 (1948), 187-94.

Giusso, Rubén Oscar. "Leopoldo Lugones: 'Los valores
    estéticos de La guerra gaucha'." CHA, No. 179 (1964),
    317-20.

Jiménez, José O. "Una metáfora del tiempo en la poesía de
    Leopoldo Lugones." RHM, 32 (1966), 33-36.

Jitrik, Noé. Leopoldo Lugones, mito nacional. BA, Palestra,
    1960.

Kasner, Norberto. "El concepto de patria como integración
    cósmica en La guerra gaucha." RI, 30 (1964), 123-31.

Lermon, Miguel. "Contribución a la bibliografía de Leopoldo
    Lugones: su obra impresa hasta 1900." BAAL, No. 98
    (1960), 501-41. Also, BA, Academia Argentina de
    Letras, 1961.

Loncán, Enrique. "Significación y muerte de Leopoldo Lugones."
    Nosotros, 2a época, No. 36 (1939), 283-94.

Lugones, Leopoldo. Los enemigos de Leopoldo Lugones, con
    documentación inédita. BA, Centurión, 1963-.

Lugones, Leopoldo. Mi padre, biografía de Leopoldo Lugones.
    BA, Centurión, 1949.

Lugones; cuaderno de homenaje... BA, Grupo Editor Argentino,
    1964.

Magis Otón, Carlos Horacio. "Del 'Lunario sentimental', de
    Leopoldo Lugones, al ultraísmo." CHA, No. 135 (1961),
    336-51.

Magis Otón, Carlos Horacio. "Leopoldo Lugones, su visión del
    mundo y la expresión poética." PyH, No. 20 (1961),
    629-48.

Magis Otón, Carlos Horacio. La poesía de Leopoldo Lugones.
    México, Ateneo, 1960.

Maiorana, María Teresa. "Huellas de Baudelaire en 'Las
    montañas de oro'." RIL, Nos. 2-3 (1960-61), 79-89.

Mangariello, María Esther. Tradición y expresión poética en Los
romances de Río Seco de Leopoldo Lugones. La Plata,
Universidad Nacional de La Plata, Facultad de Humanidades
y Ciencias de la Educación, Departamento de Letras, Instituto de Literatura Argentina e Iberoamericana, 1966.

Martínez Estrada, Ezequiel. "Leopoldo Lugones (1864-1938):
retrato sin retocar." CA, No. 102 (1959), 211-23. Also,
BA, Emecé, 1968.

Mas y Pi, Juan. Leopoldo Lugones y su obra (estudio crítico).
BA, Renacimiento, 1911.

Mazzei, Angel. "Lugones simbolista..." Comentario, No. 39
(1964), 31-35.

Montenegro, Adelmo R. "Lugones y el modernismo hispanoamericano." RevH, 1 (1959), 3-20.

Morello-Frosch, Marta E. "Cósmica y ciudadana en el 'Himno a
la luna' de L. Lugones." RI, 30 (1964), 152-61.

Moreno, Janice Sanders. "Silence in the poetry of Leopoldo
Lugones." Hisp, 46 (1963), 760-63.

Moreno, Juan Carlos. "Las últimas ideas de Lugones." Criterio,
(1938), 428-30.

Nasio, Juan. "La fantasía en Leopoldo Lugones." Arco, No. 78
(1967), 218-21.

Navarro, Carlos. "La visión del mundo en el Lunario sentimental."
RI, 30 (1964), 133-52.

Nosotros, Nos. 26-28 (1938).

Núñez, Jorge A. Leopoldo Lugones. Córdoba, Universidad Nacional
de Córdoba, Facultad de Filosofía y Humanidades, 1956.

Obligado, Carlos. La cueva del fósil... I: De la poesía de
Leopoldo Lugones; 2a ed. BA, La Facultad, 1938.

Olivio Jiménez, José. "Una metáfora del tiempo en la poesía de
Leopoldo Lugones." RHM, 32 (1966), 33-36.

Omil, Alba. Leopoldo Lugones. Poesía y prosa. BA, Nova, 1968.

Omil, Alba. "Romances del Río Seco." RevH, 6 (1966), 145-58.

Phillips, Allen W. "Notas sobre una afinidad poética: Jules Laforgue y el Lugones del Lunario sentimental." RI, 23
(1958), 43-64.

Phillips, Allen W.   "La prosa artística de Leopoldo Lugones en
     La guerra gaucha."   La torre, No. 5 (1957), 161-98.

Picón-Salas, Mariano.   "Para una interpretación de Lugones."
     RNC, No. 59   (1946), 29-42.

Pultera, Raúl.   Lugones: elementos cardinales destinados a
     determinar una biografía.   BA, 1956.

Roggiano, Alfredo A.   "Bibliografía de y sobre Leopoldo Lugones."
     RI, 28 (1962), 155-213.

Roggiano, Alfredo A.   "Poemas de L. Lugones en la Revista
     moderna de México."   RI, 33 (1967), 125-30.

Rojas Paz, Pablo.   "Leopoldo Lugones."   Sustancia, (1939), 178-83.

Scari, Robert M.   "Ciencia y ficción en los cuentos de Leopoldo
     Lugones."   RI, 30 (1964), 163-87.

Scari, Robert M.   "Los crepúsculos del jardín de Leopoldo Lugones."
     RI, 30 (1964), 105-21.

Scari, Robert M.   "La formación literaria de Lugones."   DA, 24
     (1964), 4199 (Calif.).

Selva, Juan B.   "'La guerra gaucha' de Lugones.   Su estructura
     léxica."   BRAE, 34 (1954), 257-61.

Solá González, Alfonso.   "Leopoldo Lugones y el ultraísmo."
     Versión, 4 (1965), 47-71.

Solá González, Alfonso.   "Las Odas seculares de Leopoldo Lugones."
     RI, 32 (1966), 23-51.

Thomas, Kathleen H.   "Modernismo in poetry and its exponents:
     Manuel Gutiérrez Nájera, Rubén Darío, and Leopoldo
     Lugones."   DA, 17 (1957), 2273 (Pittsburgh).

Toro Gisbert, Miguel de.   "El idioma de un argentino: La guerra
     gaucha de Leopoldo Lugones."   BRAE, No. 9 (1922), 526-48.

Ugarte, Manuel.   "Leopoldo Lugones."   In Escritores iberoameri-
     canos de 1900 (México, Vértice, 1947), 163-76.

Vidal Pena, L.   El drama intelectual de Lugones.   BA, 1938.

Zambrano, David.   "Presencia de Baudelaire en la poesía hispano-
     americana.   Darío.   Lugones.   Delmira Agustini."   CA,
     No. 99 (1958), 217-35.

31. LYNCH, Benito (1885-1952)

Ballesteros, Montiel. "Escritores de América. Benito Lynch, un
      clásico criollo. " RNM, No. 124 (1949), 54-60.

Becco, Horacio Jorge, and Marshall R. Nason. "Bibliografía de
      Benito Lynch. " BADAL, No. 8 (1960), 55-87.

Beytia Muñoz, Abel. "El inglés de los güesos. " Lotería, No. 91
      (1963), 77-82.

Caillet-Bois, Julio. "El mundo novelesco de Benito Lynch. "
      Filología, 5 (1959), 119-33.

Caillet-Bois, Julio. La novela rural de Benito Lynch. La Plata,
      Universidad Nacional de La Plata, Facultad de Humanidades
      y Ciencias de la Educación, 1960.

Caillet-Bois, Julio. "Temas y perspectivas en la novela rural de
      Benito Lynch. " RUBA, 5a época, 3 (1958), 206-14.

Côcaro, Nicolás. Benito Lynch. BA, Oeste, 1954.

Davis, Jack Emory. "The americanismos in El inglés de los
      güesos. " Hisp, 33 (1950), 333-37.

Defant Durán, Alba. "Los 'muchachos' en la obra de Lynch. "
      HumT, No. 11 (1959), 167-72.

Fretes, Hilda Gladys. "Lynch en un fragmento de El inglés de
      los güesos. " RLAI, 3 (1961), 127-31.

García, Germán. Benito Lynch y su mundo campero. Bahía
      Blanca, Colegio Libre de Estudios Superiores, 1954.

Gates, Eunice Joiner. "Charles Darwin and Benito Lynch's El
      inglés de los güesos. " Hisp, 44 (1961), 250-53.

Giusti, Roberto F. "Benito Lynch. " In Crítica y polémica; 3a
      serie (BA, Limitada, 1927), 24-40.

González, Juan B. "El novelista Benito Lynch. " Nosotros, No.
      256 (1930), 252-67.

Head, Gerald Louis. "Characterization in the works of Benito
      Lynch. " DA, 25 (1964), 2512-13 (UCLA).

Leslie, John Kenneth. "Símiles campestres en la obra de Benito
      Lynch. " RI, 17 (1951-52), 331-38.

Magís Otón, Carlos Horacio. "Trayectoria del realismo en la
      Argentina y una novela rural. " CHA, No. 42 (1961), 103-25.

Nason, Marshall R.   "Benito Lynch ¿otro Hudson?"   RI, 23 (1958),
    65-82.

Nason, Marshall R.   Benito Lynch y su creación literaria.   Chicago,
    University of Chicago Library, Department of Photoduplica-
    tion, 1958.

Nason, Marshall R.   "E.   Thynón Lebic, seudónimo de un autor
    consagrado."   RULP, No. 10 (1960), 152-55.

Nason, Marshall R.   "En torno al estilo de Benito Lynch."   RULP,
    No. 13 (1961), 141-57.

Owre, J. Riis.   "Los animales en las obras de Benito Lynch."
    RI, 3 (1941), 357-69.

Petit de Murat, Ulyses.   Genio y figura de Benito Lynch.   BA,
    EUDEBA, 1968.

Romano, Eduardo.   Fábula y relato en un cuento de Benito Lynch.
    BA, Secretaría de Estado de Obras Públicas, Dirección
    General de Obras Social, Servicio de Extensión Cultural,
    1966.

Salama, Roberto.   Benito Lynch.   BA, La Mandrágora, 1959.

Torres-Rioseco, Arturo.   "Benito Lynch."   In Novelistas con-
    temporáneos (Santiago de Chile, Nascimiento, 1934), 151-
    210.

Viñas, David.   "Benito Lynch y la pampa cercada."   CU, No. 46
    (1954), 40-53.

32.   MALLEA, Eduardo   (1903-   )

Armstrong, Argentina Q.   "Eduardo Mallea y la búsqueda de la
    argentinidad."   DA, 27 (1966), 1811A (Mo.)

Baralis, Marta.   "Eduardo Mallea: coherencia de una vocación."
    USF, No. 55 (1963), 75-83.

Barufaldi, Rogelio.   "El mundo de la posesión de Eduardo Mallea."
    Criterio, No. 1381 (1961), 406-407.

Becco, Horacio Jorge.   Guías bibliográficas...:   Eduardo Mallea.
    BA, Universidad de Buenos Aires, 1959.

Bernárdez, Francisco Luis. "Eduardo Mallea en sus dos nuevos
     libros." Realidad, 1 (1957), 81-89.
Bernstein, J. S. "Algunos elementos españoles en la Historia de
     una pasión argentina." RHM, 33 (1967), 197-203.
Berry, Ana M. "Fructificación de la angustia--a propósito de
     Fiesta en noviembre." Sur, No. 21 (1936), 39-71.
Berry, Ana M. "Una voz nuestra." Sur, No. 39 (1937), 76-85.
Bianco, José. "Las últimas obras de Mallea--al margen
     de sus temas principales." Sur, No. 21 (1936), 39-71.
Brughetti, Romualdo. "Eduardo Mallea y la nueva expresión ar-
     gentina." CA, No. 26 (1946), 291-95.
Canal Feijóo, Bernardo. "Eduardo Mallea: La vida blanca..."
     Sur, No. 269 (1961), 68-79.
Chapman, G. Arnold. "Manuel Gálvez y Eduardo Mallea." RI,
     19 (1953), 71-78.
Chapman, G. Arnold. "Sherwood Anderson and Eduardo Mallea."
     PMLA, 69 (1954), 34-45.
Chapman, G. Arnold. "Terms of spiritual isolation in Eduardo
     Mallea." MLF, 37 (1952), 21-27.
Cócaro, Nicolás. "Eduardo Mallea, novelista." Liberalis, No. 26
     (1953), 14-17.
Collins, Alice K. "El existencialismo de Eduardo Mallea." DA,
     28 (1967), 2240A (Okla.).
Concha, Jaime. "Eduardo Mallea en su fase inicial." AUC, No.
     135 (1965), 71-107.
Díaz Plaja, Guillermo. "Raíz hispánica de Eduardo Mallea." CA,
     No. 53 (1950), 231-39.
Dudgeon, Patrick. Eduardo Mallea: a personal study of his works.
     BA, Agonía, 1949.
Ferrandiz Alborz, F. "Historia de una pasión argentina." CA,
     No. 108 (1962), 231-48.
Flint, J. M. "The expression of isolation: notes on Mallea's
     stylistic technique." BHS, 44 (1967), 203-209.
Ghiano, Juan Carlos. "La última novela de Mallea." Ficción,
     No. 8 (1957), 51-59.

Gillessen, Herbert. Themen, Bilder und Motive in Werke Eduardo
    Malleas. Geneve, Droz, 1966.

Grieben, Carlos F. Eduardo Mallea. BA, Ministerio de Educación
    y Justicia, 1961.

Hernández Arregui, Juan José. "Jorge Luis Borges y Eduardo
    Mallea." NTiem, No. 25 (1958), 9-12.

Hughes, John B. "Arte y sentido ritual de los cuentos y novelas
    cortas de Eduardo Mallea." RUBA, 3a época 5 (1960),
    192-212.

Justo, Luis. "Mallea, o la literatura como sustento de la
    realidad." Sur, No. 280 (1963), 51-56.

Levillier, Roberto. "Las novelas de Eduardo Mallea." Nosotros,
    2a época, No. 8 (1936), 264-69.

Lewald, H. Ernest. "Mallea's theme in La bahía del silencio."
    Hisp, 40 (1957), 176-78.

Lichtblau, Myron I. "El arte de la imagen en Todo verdor pere-
    cerá." RHM, 29 (1963), 121-33.

Lichtblau, Myron I. El arte estilistico de Eduardo Mallea. BA,
    Juan Goyanarte, 1967.

Lichtblau, Myron I. "El concepto del tiempo en las obras de
    Eduardo Mallea." HumM, 3 (1962), 299-314.

Lichtblau, Myron I. "Novelista y ensayista: dos perfiles de
    Eduardo Mallea." AyL, 2a época, 1 (1958), 40-48.

Lichtblau, Myron I. "Rasgos estilísticos en algunas novelas de
    Eduardo Mallea." RI, 24 (1959), 117-25.

Marangoni, Víctor. "Eduardo Mallea, novelista." Estudios,
    No. 527 (1961), 525-33.

Montserrat, Santiago. "Eduardo Mallea y la Argentina profunda."
    Sur, No. 123 (1945), 72-83.

Morsella, Astur. Eduardo Mallea. BA, MAC-CO, 1957.

Murena, Héctor A. "Chaves: un giro copernicano." Sur, No. 228
    (1954), 27-36.

Núñez, Antonio. 'Encuentro con Eduardo Mallea." Insula, No. 251
    (1967), 1, 12.

Olaso, Eduardo. "Nota sobre un pensamiento central de Mallea."
    Sur, No. 287 (1964), 91-93.

Percas, Helena. "Sobre el sentido de la obra de Mallea." RHM,
      33 (1967), 85-88.

Petersen, Fred. "James Baldwin and Eduardo Mallea: two
      essayists' search for identity." Discourse, 10 (1967),
      97-107.

Petersen, Fred. "Notes on Mallea's definition of Argentina."
      Hisp, 45 (1962), 621-24.

Petersen, Fred. "The relationship of narrative technique to theme
      in Eduardo Mallea's Posesión." BA, 38 (1964), 361-66.

Pinkerton, Marjorie J. "Eduardo Mallea: suplemento a una bi-
      bliografía." RI, 30 (1964), 319-23.

Polt, John H. R. "Algunos símbolos de Eduardo Mallea: Mallea
      y Hawthorne." RHM, 26 (1960), 96-101.

Polt, John H. R. The writings of Eduardo Mallea. Berkeley,
      University of California Press, 1959.

Ponseti, Helena P. "Sobre el sentido de la obra de Mallea." RHM,
      33 (1967), 85-88.

Real de Azúa, Carlos. "Una carrera literaria." ELic, Nos. 5-6
      (1955), 107-34.

Ríos Patrón, José Luis. "El estilo de Mallea." Biblioteca, 9, 2
      (1957), 61-87.

Rivelli, Carmen. "Eduardo Mallea: la continuidad temática de su
      obra." DA, 27 (1967), 4229A-30A (N.Y.U.).

Rodríguez Monegal, Emir. "Eduardo Mallea visible e invisible."
      In El juicio de los parricidas (BA, Deucalión, 1956), 29-
      54.

Rozitchner, León. "Comunicación y servidumbre: Mallea."
      Contorno. Nos. 5-6 (1955), 27-35.

Shaw, Donald L. "Narrative technique in Mallea's La bahía del
      silencio." Sym, 20 (1966), 50-55.

Silvetti Paz, N. "Eduardo Mallea: Posesión." Sur, No. 260
      (1959), 77-83.

Solero, A. J. "Eduardo Mallea en su laberinto." Contorno,
      Nos. 5-6 (1955), 13.

Soto, Luis Emilio. "Eduardo Mallea: La torre." Sur, No. 202
      (1951), 53-60.

Soto, Luis Emilio. "Eduardo Mallea: Las águilas." Sur, No. 115
    (1944), 88-94.

Topete, José Manuel. "Eduardo Mallea y el laberinto de la
    agonía: Historia de una pasión argentina" RI, 20 (1955),
    117-51.

Vilar, Sergio. "Eduardo Mallea: pasión y raciocinio." PSA,
    No. 29 (1963), 303-15.

33. MARECHAL, Leopoldo (1900-   )

Alonso Gamo, J. M. Tres poetas argentinos: Marechal,
    Molinari, Bernárdez. Madrid, Ediciones Cultura Hispánica,
    1951.

Andrés, Alfredo. Palabras con Marechal. BA, Carlos Pérez,
    1968.

Bernárdez, Francisco Luis. "Prosa de Marechal." Sur, No. 58
    (1939), 47-49.

Cortázar, Julio. "Adán Buenosayres." Realidad, No. 14 (1949),
    232-38.

Ghiano, Juan Carlos. "Cinco poemas australes de Leopoldo
    Marechal." In Temas y aptitudes (BA, Ollantay, 1949),
    55-61.

González, Manuel Pedro. "Leopoldo Marechal y la novela
    fantástica." CA, No. 151 (1967), 200-211.

Jitrik, Noé, "Adán Buenosayres: la novela de Leopoldo Marechal."
    Contorno, Nos. 5-6 (1955), 38-45.

Marechal, Leopoldo. Claves de Adán Buenosayres. Mendoza, Azor, 1966.

Montero Díaz, Santiago. "La poesía de Leopoldo Marechal."
    Antología, 1, 1 (1944), 14-20.

Prieto, Adolfo. "Los dos mundos de Adán Buenosayres." BLH, 1
    (1959), 57-74.

Rega Molina, Horacio. "Laberinto de amor, de Leopoldo
    Marechal." In La flecha pintada (BA, Ediciones Argen-
    tina S. I. A. , 1943), 195-99.

Squirru, Rafael F. Leopoldo Marechal. BA, Ediciones Culturales
    Argentinas, 1961.

34. MARTINEZ ESTRADA, Ezequiel (1895-1964)

Adam, Carlos. Bibliografía y documentos de Ezequiel Martínez
    Estrada. La Plata, Universidad Nacional de La Plata,
    1968.

Anderson Imbert, Enrique. "Martínez Estrada en 1962." Sur,
    No. 295 (1965), 49-54. Also in CAmer, No. 33 (1965),
    50-54.

Ara, Guillermo. "Martínez Estrada, intuición y riesgo." Atenea,
    161 (1966), 115-23.

Canal Feijóo, Bernardo. "Los enfermos de patria." Sur, No. 295
    (1965), 20-25.

Canal Feijóo, Bernardo. "Radiografías fatídicas." Sur, No. 37
    (1937), 63-77.

Ciudad, No. 1 (1955).

Contorno, No. 4 (1954).

Cúneo, Dardo. "Martínez Estrada, Martín Fierro y la Argentina."
    CA, No. 46 (1949), 210-17.

Fernández Moreno, César. "La Argentina frente a Martínez
    Estrada." MNu, No. 2 (1966), 31-42.

Fernández Moreno, César. "Martínez Estrada frente a la Argen-
    tina." MNu, No. 1 (1966), 37-47.

Ferraris, Agustín. Pido la palabra. Respondiendo a: Ezequiel
    Martínez Estrada, Mario Amadeo, y Ernesto Sábato. BA,
    Capricornio, 1957.

Ghiano, Juan Carlos. "Martínez Estrada narrador." Ficción,
    No. 4 (1956), 139-48.

González, Manuel Pedro. "Reflexiones en torno a Ezequiel
    Martínez Estrada." CAmer, No. 33 (1965), 55-62.

Henríquez Ureña, Camila. "Sobre el panorama de las literaturas
    de Ezequiel Martínez Estrada." CAmer, No. 33 (1965),
    63-69.

Lancelotti, Mario A. "Martínez Estrada cuentista." Sur, No. 295
    (1965), 55-59.

Mainer, José Carlos. "E. Martínez Estrada en lo argentino:
    notas a un libro." Insula, No. 232 (1966), 5.

Moyano Coudert, Argentino. "Un resentido contra lo argentino:
    Ezequiel Martínez Estrada." Estudios, No. 479 (1956),
    31-36.

Murena, Héctor A. "La lección de los desposeídos." In El pecado
    original de América (BA, Sur, 1958), 105-29. Also in
    Sur, No. 204 (1951), 1-18.

Obieta, Adolfo de. "Ser, no ser y deber ser de la Argentina."
    Sur, No. 295 (1965), 26-33.

Pillepich, Piero. "Poetas argentinos." Nosotros, Nos. 285-286
    (1933), 225-30.

Prior, Aldo. "Bibliografía de Martínez Estrada." Sur, No. 295
    (1965), 73-78.

Prior, Aldo. "Después de Martínez Estrada." Sur, No. 293
    (1965), 32-43.

Pucciarelli, Eugenio. "La imagen de la Argentina en la obra de
    Martínez Estrada." Sur, No. 295 (1965), 34-48.

Ruiz, Isabel C. "'Oro y piedra', primer libro de poemas de
    Ezequiel Martínez Estrada." RLAI, 1 (1959), 74-82.

Schultz Cazanueva de Mantovani, Fryda. "Martínez Estrada en la
    temática argentina." Ars, 6 (1955), 17-21.

Sebreli, Juan José. Martínez Estrada, una rebelión inútil. BA,
    Palestra, 1960.

Stabb, Martin S. "Ezequiel Martínez Estrada: the formative
    writings." Hisp, 49 (1966), 54-60.

Stabb, Martin S. "Martínez Estrada frente a la crítica." RI, 32
    (1966), 77-85.

Tovar, Antonio. "Introspección de la Argentina en el escritor
    Martínez Estrada." REP, No. 49 (1950), 219-53.

Vargas, Raúl. "Ezequiel Martínez Estrada o el magisterio
    americano." Letras, Nos. 72-73 (1964), 222-25.

Vera Ocampo, Raúl. "El 'Sarmiento' de Martínez Estrada: un
    ensayo de autobiografía." Sur, No. 295 (1965), 60-68.

35. MARTINEZ ZUVIRIA, Gustavo (1883-   ) "Hugo Wast"

Bayona Posada, Nicolás. "Visión cinematográfica de Hugo Wast."
       RJav, No. 114 (1945), 201-209.

Bernáldez, José María. "Hugo Wast," RyF, No. 166 (1962), 33-44.

"Bibliografía de don Gustavo A. Martínez de Zuviría." BAAL,
       No. 103 (1962), 7-13.

Burgos, Fausto. "Dos novelas de Hugo Wast." BAAL, No. 44
       (1943), 819-26.

Coester, Alfred. "Bibliografía de Hugo Wast." Hisp, 16 (1933),
       187-88.

Moreno, Juan Carlos. Gustavo Martínez Zuviría. BA, Ediciones
       Culturales Argentinas, 1962.

Poleman Sola, Carlos Alberto. "Ubicación de un discutido
       escritor: Hugo Wast." Estudios, No. 497 (1958), 577-82.

Whitehouse, Robert Stanley. "Amistades literarias: Hugo Wast."
       RI, 17 (1951-1952), 109-18.

36. MOLINARI, Ricardo E. (1898-   )

Arístides, Julio. Ricardo E. Molinari, o la agonía del ser en el
       tiempo. BA, Américalee, 1965.

Arístides, Julio. "Ricardo Molinari: un huésped y su melancolía."
       CHA, No. 65 (1966), 534-39.

Cansinos-Assens, Rafael. "La poesía folklórica de Ricardo E.
       Molinari." In Verde y dorado en las letras americanas
       (Madrid, M. Aguilar, 1947), 45-47.

Ghiano, Juan Carlos. "Dos poetas fieles: Molinari y Ledesma."
       Ficción, No. 15 (1958), 79-84.

Grieben, Carlos F. "La poesía de Ricardo E. Molinari; a los
       veinticinco años de El imaginario." Sur, No. 221 (1953),
       129-34.

Pérez Pollán, Felipe L. "La ausencia y la soledad en la poesía
       de Ricardo E. Molinari." CHA, No. 51 (1962), 140-52.

Pousa, Narciso. Ricardo E. Molinari. BA, Ministerio de Educa-
       ción y Justicia, 1961.

Roggiano, Alfredo A.   "El primer libro de Ricardo E. Molinari."
    Panorama, No. 2   (1952), 8-26.

37. NALE ROXLO, Conrado (1898-   )

Ghiano, Juan Carlos. "Conrado Nalé Roxlo y el teatro." Ficción,
    No. 10 (1957), 88-94.

Gillespie, Ruth C. "Conrado Nalé Roxlo: poet and humorist."
    Hisp, 36 (1953),   71-75.

Giusti, Roberto F. "Letras argentinas: Claro desvelo." Nosotros,
    2a época, No. 29 (1938), 83-87.

Palisa Mujica de Lacau, Marí Hortensia. El mundo poético de
    Conrado Nalé Roxlo; poesía y estilo. BA, Raigal, 1954.

Sosa, Apolinario Héctor. Aproximaciones. La Plata, Muncipalidad
    de La Plata, 1962.

Tull, John F., Jr. "Influences and attitudes in Nalé Roxlo's
    'Mundo poético'." Hisp, 45 (1962), 49-51.

Tull, John F., Jr. "La mujer en el teatro de Nalé Roxlo." DHR,
    3 (1964), 133-37.

Tull, John F., Jr. "Nalé Roxlo's 'Chamico' stories: a dramatist's
    apprenticeship." Hisp, 44 (1961), 245-49.

Tull, John F., Jr. "Poesía y humorismo en la obra de Nalé
    Roxlo," Hispano, No. 14 (1962), 41-44.

Tull, John F., Jr. "Renunciation and hope in Nalé Roxlo's mature
    poetry." Hisp, 46 (1963), 533-35.

Tull, John F., Jr. " 'Simpatías' y 'diferencias' en los pastiches de
    Nalé Roxlo." DHR, 1 (1962), 1-6.

Tull, John F., Jr. "A source for the doubling of characters in
    Judith y las rosas." RomN, 2 (1960), 21-22.

Tull, John F., Jr. "Unifying characteristics in Nalé Roxlo's
    theater." Hisp, 44 (1961), 643-46.

38. OBLIGADO, Rafael (1851-1920)

Arrieta, Rafael Alberto. "Rafael Obligado." BAAL, No. 19 (1937),
    339-44.

Caceres Freire, Julián. "Reflejos de una amistad entre poetas;
     correspondencia entre Obligado y González," RULP,
     No. 17 (1963), 163-76.

Giusti, Roberto F. "Rafael Obligado, poeta de la nostalgia."
     BAAL, No. 76 (1951), 161-84. Also in Poetas de América
     y otros ensayos (BA, Losada, 1956), 79-99.

Nosotros, No. 131 (1920).

Obligado, Carlos. "El argentinismo de Rafael Obligado." BAAL,
     No. 4 (1933), 259-301.

Pagès Larraya, Antonio. "Santos Vega, mito de la pampa." RI,
     20 (1955), 213-24.

Quesada, Ernesto. Rafael Obligado: el poeta--el hombre. BA,
     Coni, 1920.

Rela, Walter. "El mito Santos Vega en el teatro del Río de La
     Plata." RNM, No. 196 (1958), 231-57.

Rovelli de Riccio, Osvalda Beatriz. Santos Vega en la leyenda. BA,
     Instituto Amigos del Libro Argentino, 1967.

Sosa, Francisco. "Rafael Obligado." In Escritores y poetas sud-
     americanos (México, Secretaría de Fomento, 1890),
     135-48.

Uriarte, Gregorio. "La obra literaria de Rafael Obligado."
     Nosotros, No. 33 (1911), 261-77.

39.   PALACIOS, Pedro B.   (1854-1917) "Almafuerte"

Alari, Julio G. de. Almafuerte: su vida y su obra. BA, Agora,
     1965.

Billone, Vicente Atilio. "Vida y obra de Almafuerte." HumT,
     No. 7 (1956), 95-120.

Bonastre, Pedro. Almafuerte, su vida y sus obras. BA, 1920.

Brughetti, Faustino. "Almafuerte en mi recuerdo." RevE, 89, 3
     (1948), 104-15.

Brughetti, Romualdo. Vida de Almafuerte, el combatiente perpetuo.
     BA, Peuser, 1954.

Carilla, Emilio. "La poesía de Almafuerte," HumT, No. 16
     (1963), 61-94.

Carpio, Campio. Pasión y poesía. BA, Claridad, 1949.

Carricarte, Arturo R. de. "Una polémica americanista en España." Nosotros, No. 105 (1918), 78-85.

Cerdero, Héctor Adolfo. El profeta del hombre. BA, Julio E. Rossi, 1959.

Fuentes, Pedro Miguel. "Valoración de Almafuerte (1854-1954)." Estudios, No. 463 (1954), 304-13.

García Calderón, Ventura. "Almafuerte." In Semblanzas de América (Madrid, Revista Hispanoamericana "Cervantes", 1920), 143-48.

Giusti, Roberto F. "A propósito del 'Apóstrofe' de Almafuerte." Nosotros, No. 82 (1916), 312-15.

González Lanuza, Eduardo. "Almafuerte, existencialista 'avant la lettre'." Sur, No. 229 (1954), 65-80.

Herrero, Antonio. Almafuerte y Zoilo. La Plata, 1920.

Lafond, G. "Le poete argentin Almafuerte." NR, 18 (1917), 270-76.

Latorre Yanson, Medardo H. "Un soneto inédito de Almafuerte." RNM, No. 200 (1959), 264-66.

López Aranguren, Dolores. Meridiano La Plata; ensayo. La Plata, Municipalidad de La Plata, 1963.

Mas y Pi, Juan. Almafuerte. La Plata, García, 1907.

Mendioroz, Alberto. Almafuerte. La Plata, 1918.

Morales, Ernesto. "Significación de la obra de Almafuerte." Nosotros, No. 234 (1928), 149-60.

Olivero, Carlos F. Almafuerte íntimo, a través de mis recuerdos-personales. La Plata, 1937.

Picone, José C. José Hernández, Almafuerte y la literatura social. BA? 1952.

Riera, F. E. Almafuerte: el poeta y el hombre. Avellaneda, Nueva Vida, 1955.

Vasseur, Alvaro A. Almafuerte y otros mártires. Montevideo, 1944.

Vázquez Cey, Arturo. "La obra poética de Almafuerte." HumLP, 10 (1925), 165-87.

40. PAYRO, Roberto J. (1867-1928)

Anderson Imbert, Enrique. Tres novelas de Payró con pícaros en
    tres miras. Tucumán, Universidad Nacional de Tucumán,
    Facultad de Filosofía y Letras, 1942.

Boj, Silverio [Walter Guido Wéyland]. Roberto J. Payró. BA,
    Ediciones Culturales Argentinas, 1962.

Bonet, Carmelo M. "Una semblanza de Roberto J. Payró."
    BAAL, Nos. 123-24 (1967), 235-54.

Calcagno, Miguel Angel. "Introducción a un estudio de la novela
    rioplatense. Fragmento correspondiente a 'Payró y los
    subproductos criollos'." RIL, No. 4 (1962), 5-27.

Donghi Halperín, Renata. "El abuelo de Juan Moreira: al margen
    de la obra de Payró." Nosotros, 2a época, No. 35 (1939),
    162-68.

Donghi Halperín, Renata. "Lo simbólico en Payró." RUC, 4, 1-2
    (1963), 103-13.

Echagüe, Juan Pablo. "Roberto J. Payró." In Escritores de la
    Argentina (BA, Emecé, 1945), 31-56.

Echagüe, Juan Pablo. "Roberto J. Payró." RET, No. 8 (1964),
    52-59.

Fernández de Vidal, Stella María. "Bibliografía de Roberto J.
    Payró." BADAL, No. 13 Suppl. (1962), 1-73.

Fitzpatrick, Juan J. "Payró y sus 'crónicas'." IM, 1 (1954),
    81-87.

García, Germán, "Payró y el sur argentino." Universidad, No. 41
    (1959), 37-60.

García, Germán. "La primera obra teatral de Roberto J. Payró."
    BET, 3 (1945), 217-31.

García, Germán. Roberto J. Payró en Bahía Blanca. Bahía
    Blanca, 1940. Also in BAAL, No. 29 (1940), 67-92.

García, Germán. Roberto J. Payró; testimonio de una vida y una
    realidad de una literatura. BA, Nova, 1961.

Gerchunoff, Alberto. "La obra de Payró. Divertidas aventuras
    del nieto de Juan Moreira." Nosotros, No. 36 (1912),
    19-25.

Giusti, Roberto F. "La obra literaria de Roberto Payró." In
    Crítica y polémica; 2a serie (BA, Limitada, 1924), 9-36.

Larra, Raúl. Payró, el novelista de la democracia; 3a ed. BA,
    La Mandrágora, 1960.

Longo, Iris Estela. "Sobre 'Pago Chico'." USF, No. 44 (1960),
    241-58.

Nosotros, No. 228 (1928).

Rojas Paz, Pablo. "Payró." In Cada cual y su mundo... (BA,
    Poseidón, 1944), 145-73.

Rojas Paz, Pablo. "Payró y su tiempo." Nosotros, 2a época,
    No. 75 (1942), 218-36.

Vergara de Bietti, Noemí. "El país en el teatro de Roberto
    Payró." Comentario, No. 47 (1966), 22-26.

Vergara de Bietti, Noemí. "Los tres Payró." CyC, No. 274
    (1956), 314-31.

41. SABATO, Ernesto (1911-   )

Artigas, Raúl Jorge. "Sobre héroes y tumbas." Estudios, No. 548
    (1963), 600-607.

Campos, Jorge. "Sobre Ernesto Sábato." Insula, No. 203 (1965),
    11.

Canal Feijóo, Bernardo. "Ernesto Sábato: Sobre héroes y tumbas."
    Sur, No. 276 (1962), 90-99.

Castellanos, Carmelina de. "Aproximación a la obra de Ernesto
    Sábato." CHA, No. 183 (1965), 486-503.

Castellanos, Carmelina de. "Ernesto Sábato." In Tres nombres
    en la novela argentina (Santa Fe, Colmegna, 1967), 60-71.

Castellanos, Carmelina de. "Ernesto Sábato en su primera novela."
    USF, No. 69 (1966), 97-115.

Castellanos, Carmelina de. "Sábato y sus fantasmas." Crítica 63,
    Nos. 7-8 (1963), 7-14.

Coddou, Marcelo. "La estructura y la problemática existencial de
    El túnel de Ernesto Sábato." Atenea, 43 (1966), 141-68.

Coddou, Marcelo. "La teoría del ser nacional argentino en Sobre
    héroes y tumbas." Atenea, 45 (1968), 57-71.

Cortés, Nelly. "El escritor 'inconforme' Ernesto Sábato." Indice,
    No. 158 (1962), 19-20.

Dellepiane, Angela B. "Del barroco y las modernas técnicas en
    Ernesto Sábato." RIB, 15 (1965), 226-50.

Dellepiane, Angela B. Ernesto Sábato, el hombre y su obra
    (ensayo de interpretación y análisis literario). NY, Las
    Américas, 1968.

Dellepiane, Angela B. "Sábato y el ensayo hispanoamericano."
    Asomante, 22, 1 (1966), 48-59.

Durán, Manuel. "Ernesto Sábato y la literatura argentina de hoy."
    La torre, 15 (1967), 159-66.

Ferraris, Agustín. Pido la palabra. Respondiendo a: Ezequiel
    Martínez Estrada, Mario Amadeo y Ernesto Sábato. BA,
    Capricornio, 1957.

Franck, Jacques. "Ernesto Sábato: Alejandra." RGB, 8 (1967),
    113-20.

García-Gómez, Jorge. "La estructura imaginativa de Juan Pablo
    Castel." RHM, 33 (1967), 232-40.

Gibbs, Beverly Jean. "El túnel: portrayal of isolation." Hisp,
    48 (1965), 429-36.

Holzapfel, Tamara. "Dostoevsky's Notes from the underground and
    Sabato's El túnel." Hisp, 51 (1968), 440-46.

Holzapfel, Tamara. "Sobre héroes y tumbas--novela del siglo."
    RI, 34 (1968), 117-21.

Lipp, Solomon. "Ernesto Sábato: síntoma de una época." JIAS,
    18 (1966), 142-55.

Ludmer, Iris Josefina. "Ernesto Sábato y un testimonio del
    fracaso." BLH, 5 (1963), 83-100.

Meehan, Thomas C. "Ernesto Sábato's sexual metaphysics: theme
    and form in El túnel." MLN, 83 (1968), 226-52.

Petersen, Fred. "Ernesto Sábato: essayist and novelist." DA,
    24 (1964), 2910 (Wash.).

Petersen, Fred. "Notas en torno a la publicación reciente de
    Ernesto Sábato." La torre, 13 (1965), 197-203.

Petersen, Fred. "Sábato's El túnel: more Freud than Sartre."
    Hisp, 50 (1967), 271-76.

Sánchez Riva, Arturo.   "Ernesto Sábato: El túnel." Sur, No. 169
        (1948), 82-87.

Sánchez Riva, Arturo.   "Ernesto Sábato: Uno y el universo."
        Sur, No. 135 (1946), 101-106.

Tiempo, César. "41 preguntas a Ernesto Sábato." Indice,
        No. 206 (1966), 15-17.

42. STORNI, Alfonsina (1892-1938)

Alvarez-Frank, M.   El sentido de lo humano en la poesía de
        Alfonsina Storni. La Habana, Imprenta O'Reilly, 1943.

Andreola, Carlos Alberto. "Galeato a Alfonsina Storni." NRRLP,
        3-4 (1953), 4-12.

Astrada de Terzaga, Etelvina.   "Figura y significación de Al-
        fonsina Storni." CHA, No. 211 (1967), 127-44.

Baralis, Marta.   "Contribución a la bibliografía de Alfonsina
        Storni." BADAL, No. 18 Suppl. (1963), 11-64.

Benton, Gabriele von Munk.   "Recurring themes in Alfonsina
        Storni's poetry." Hisp, 33 (1950), 151-53.

Capdevila, Arturo.   Alfonsina: época, dolor y obra de la poetisa
        Alfonsina Storni. BA, Centurión, 1948.

Capdevila, Arturo.   "Alfonsina Storni o la inquietud de un rosal."
        RNC, No. 59 (1946), 63-74.

Castagnino, Raúl H.   "El teatro pirotécnico de Alfonsina Storni."
        BET, Nos. 22-23 (1948), 101-103.

Cuenca, Héctor.   "Alfonsina Storni." Nosotros, 2a época, Nos.
        44-45 (1939), 227-30.

Etchenique, Nira.   Alfonsina Storni. BA, La Mandrágora, 1958.

Fernández, Javier.   "A veinticinco años de la muerte de Al-
        fonsina Storni." CCLC, No. 84 (1964), 93-96.

Fernández Moreno, César.   "Dos épocas en la poesía de Alfonsina
        Storni." RHM, 24 (1948), 27-35.

Fernández Moreno, César.   Situación de Alfonsina Storni. Santa
        Fe, 1959.

Forgione, José D.   Alfonsina Storni. BA, Librería Argentina, 1943.

Gálvez, Manuel. "Alfonsina Storni." Nosotros, 2a época, No. 32 (1938), 369-71.

Gatelli, Angelina. "Delmira Agustini y Alfonsina Storni: dos destinos trágicos." CHA, No. 174 (1964), 583-94.

Genta, Walter Homero. "Alfonsina Storni." RNM, No. 100 (1946), 87-106.

Ghiano, Juan Carlos. "La poesía de Alfonsina Storni." Asomante, 10, 4 (1954), 70-75.

Gironella, María de las Mercedes. Alfonsina Storni y Teresa de Jesús. BA, Anaconda, 1940.

Giusti, Roberto F. "Alfonsina." Nosotros, 2a época, No. 31 (1938), 245-47.

Giusti, Roberto F. "Alfonsina Storni." Nosotros, 2a época, No. 32 (1938), 372-97. Also in Literatura y vida (BA, Nosotros, 1939), 97-133. Also in Ensayos (BA, Bartolomé U. Chiesino, 1955), 119-40.

Gómez Paz, Julieta. Leyendo a Alfonsina Storni. BA, Losada, 1966.

Gómez Paz, Julieta. "Persistencia y ascensión de un símbolo en la poesía de Alfonsina Storni." Asomante, 16, 4 (1961), 49-53.

Gómez Paz, Julieta. "Un símbolo dominante en la poesía de Alfonsina Storni." USF, No. 46 (1960), 69-77.

Martínez Ferrer, Graciela Peyrón de. "La obra lírica de Alfonsina Storni." Nosotros, 2a época, No. 31 (1938), 252-65.

Nalé Roxlo, Conrado, and Mabel Mármol. Genio y figura de Alfonsina Storni. BA, EUDEBA, 1964.

Orosco, María Teresa. Alfonsina Storni. BA, Universidad Nacional de Buenos Aires, Facultad de Filosofía y Letras, Instituto de Literatura Argentina, 1940.

Percas, Helena. "Sobre la poesía de Alfonsina Storni." RevE, 2a época, 5, 11-12 (1960), 311-25.

Rosenbaum, Sidonia Carmen. "Alfonsina Storni." In Modern women poets of Spanish America: the precursors... (NY,

Hispanic Institute in the United States, 1945), 205-27.

Rossler, Osvaldo. "Alfonsina, poeta y mujer." Crítica..., No. 14
(1966), 43-48.

Ugarte, Manuel. "Alfonsina Storni." In Escritores iberoamericanos
de 1900 (México, Vértice, 1947), 221-30.

Vitier, Medardo. "La poesía de Alfonsina Storni." RNC, No. 13
(1939), 131-48.

43. WILDE, Eduardo (1844-1913)

Echagüe, Juan Pablo. "Eduardo Wilde." In Escritores de la
Argentina (BA, Emecé, 1945), 109-35.

Echagüe, Juan Pablo. "Eduardo Wilde y su obra." BAAL, 47
(1944), 271-91.

Escardó, Florencio. Eduardo Wilde; 2a ed. BA, S. Rueda, 1959.

Lacau, María Hortensia and Mabel Manacorda de Rosetti. "Eduardo
Wilde y el modernismo." Expresión, 2, 4 (1947), 16-29.

Montero, Belisario J. "La filosofia de Eduardo Wilde." In
Ensayos sobre filosofía y arte (BA, 1922), 5-70.

Ponce, Aníbal. Eduardo Wilde... BA, 1916.

Index to Critics

A

Abad de Santillán, Diego. 32.
Abadie-Aicardi, Aníbal. 85.
Abalos, Jorge W. 95.
Acevedo Díaz (h), Eduardo. 42.
Acuña, Angel. 42.
Adam, Carlos, 124.
Adler, María Raquel. 42.
Agosti, Héctor Pablo. 85.
Aguirre, J. M. 71, 95.
Aita, Antonio. 42, 51, 95.
Alari, Julio G. de. 128.
Alazraki, Jaime. 71.
Alcalde, Ramón. 32.
Aldao, Martín. 110.
Almeida Pintos, R. 95.
Alonso, Amado. 42, 71, 95, 110.
Alonso Gamo, J. M. 70, 123.
Alvarez, Beatriz. 19.
Alvarez-Frank, M. 133.
Anderson Imbert, Enrique. 42,
    69, 71, 81, 95, 124, 130.
Andreetto, Miguel, Angel. 32.
Andreola, Carlos Alberto. 133.
Andrés, Alfredo. 51, 123.
Antuña, José G. 82.
Anzoátegui, Ignacio B. 91.
Aprile, Bartolomé Rodolfo. 95.
Apstein, Theodore. 51, 88.
Ara, Guillermo. 32, 42, 55, 66,
    95, 112, 113, 124.
Aramburu, Julio. 59.
Ardoino, Rimaelvo A. 94.
Arfini, Alfredo. 71.
Arias, Abelardo. 59.
Arístides, Julio. 69, 126.
Arlt, Mirta. 67.
Armstrong, Argentina Q. 119.
Arrieta, Rafael Alberto. 32,
    42, 61, 85, 113, 127.
Arriola Grande, F. Maurillo.
    103.
Arroyo, Justo. 83.
Artacho, Manuel. 32.

Artigas, Raúl Jorge. 131.
Ashhurst, Anna W. 113.
Assaf, José E. 32.
Assunção, Fernando O. 55.
Astesano, Eduardo. 103.
Astrada, Carlos. 103, 113.
Astrada de Terzaga, Etelvina.
    133.
Avalos, Julio Alberto. 95.
Ayala, Francisco. 95.
Ayestarán, Lauro. 81.
Ayora, George. 71.
Azancot, Leopoldo. 71.
Azzario, Esther A. M. 112.

B

Bagby, Alberti I, II. 72.
Bajarlía, Juan J. 51.
Ballesteros, Montiel. 118.
Banchs, Enrique. 90.
Baralis, Marta. 119, 133.
Barletta, Leónidas. 32, 51.
Barnatan, Marcos Ricardo. 84.
Barrault, Jean Louis. 32.
Barreiro, José P. 85.
Barrenechea, Ana M. 32, 72,
    84, 89.
Bartholomew, Roy. 103.
Barufaldi, Rogelio. 67, 70,
    97, 119.
Bastardi, Francisco. 42.
Battistessa, Angel J. 61, 69,
    81, 85, 96.
Bayona Posada, Nicolás. 126.
Bazahone Aguayo, Rosaura. 72.
Becco, Horacio Jorge. 13, 15,
    16, 32, 48, 67, 89, 96, 103,
    110, 118, 119.
Beck, Phyllis Powers. 80.
Beck-Aguilar, Vera F. de. 32.
Beláustegui, María Teresa. 96.
Belby, José C. 85.

141

142

143